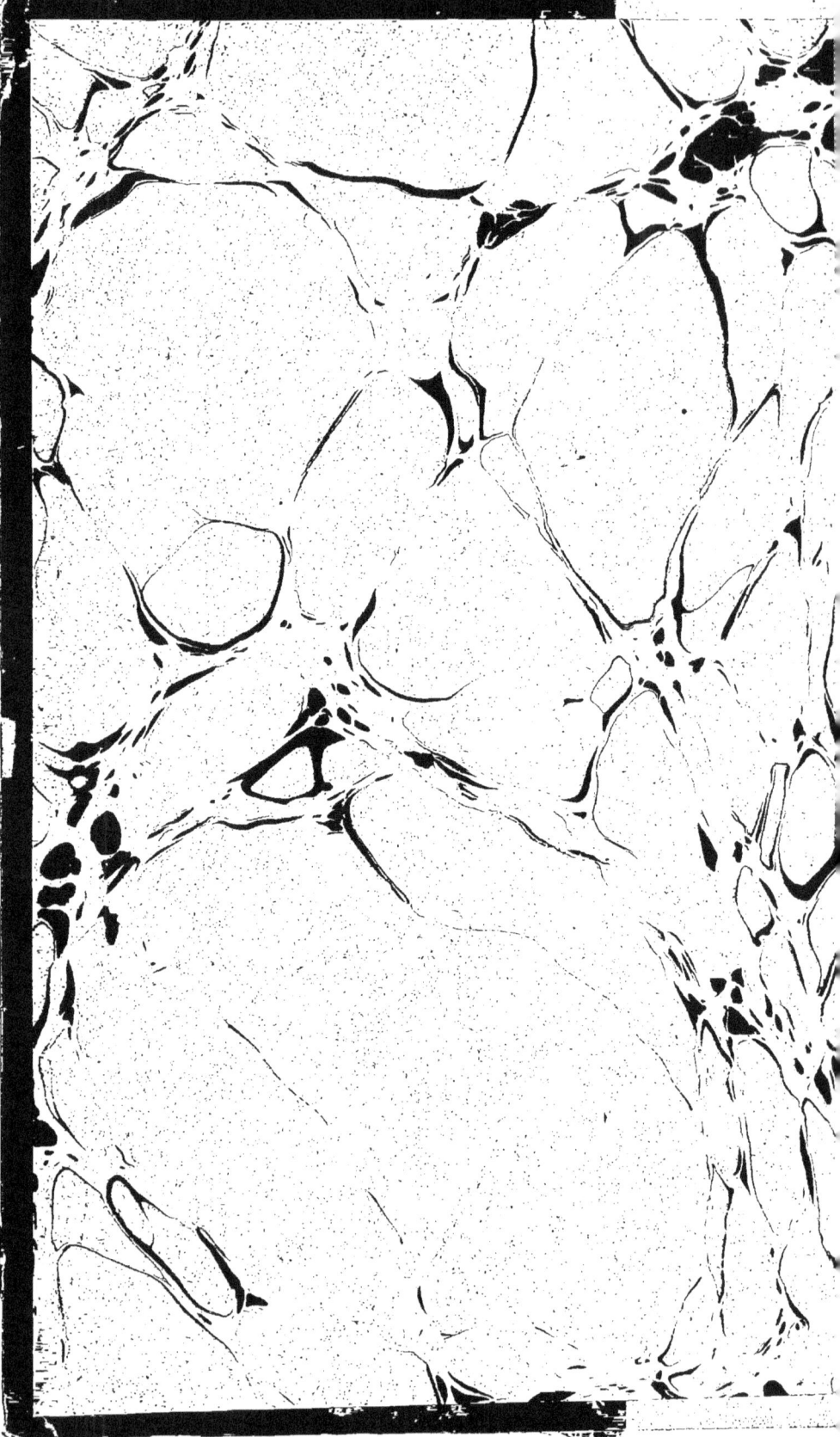

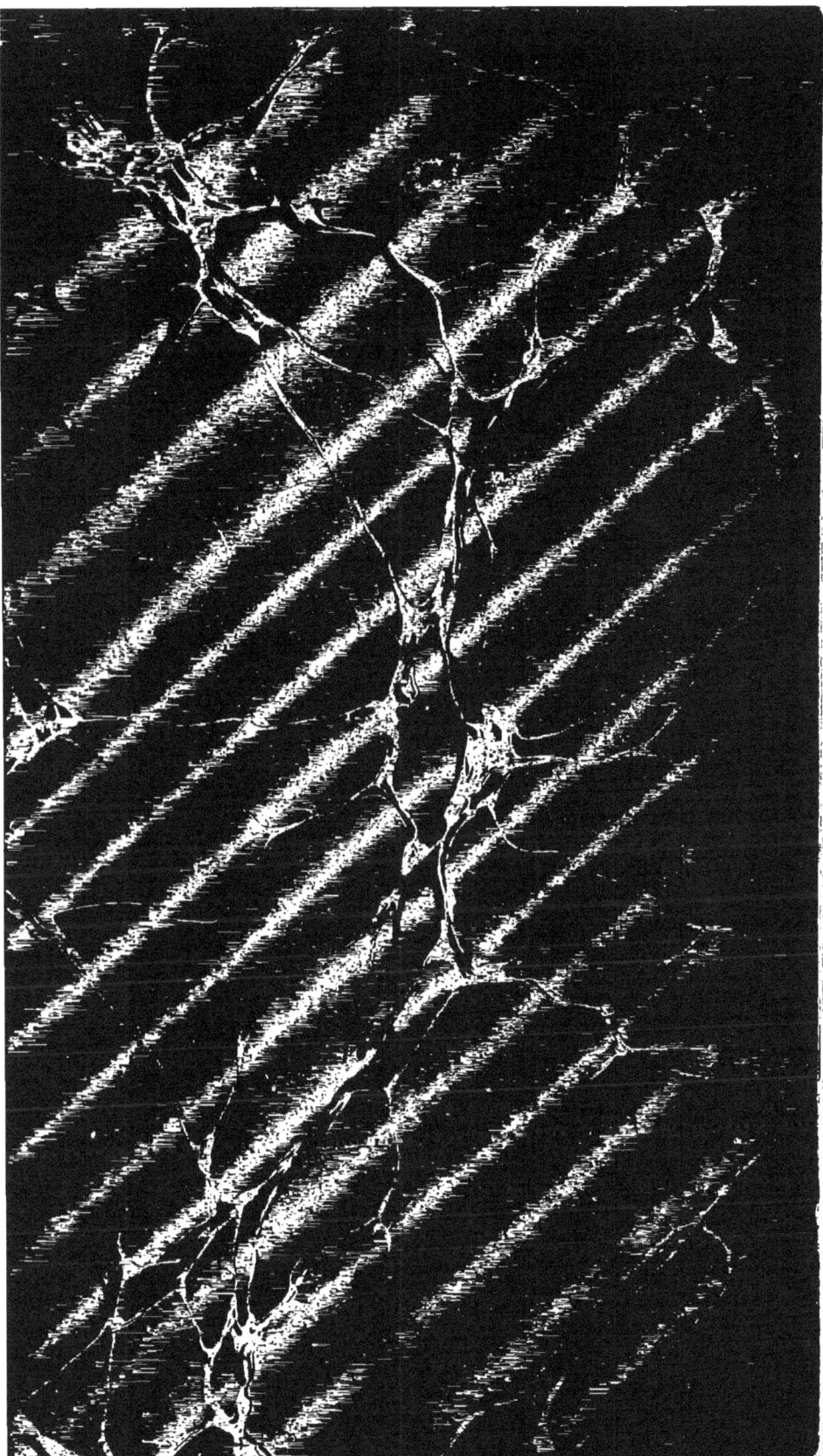

Arts de l'Ameublement

L'EBÉNISTERIE

PARIS
LIBRAIRIE CH. DELAGRAVE

L'ÉBÉNISTERIE

OUVRAGE PUBLIÉ SOUS LE HAUT PATRONAGE
DE L'ADMINISTRATION DES BEAUX-ARTS
COURONNÉ PAR L'INSTITUT (Prix Bordin)
ET HONORÉ DES SOUSCRIPTIONS
DU MINISTÈRE DE L'INSTRUCTION PUBLIQUE,
DE LA VILLE DE PARIS, DES CHAMBRES DE COMMERCE
DE PARIS, LYON, MARSEILLE, ETC.

Il a été imprimé 100 exemplaires de cet ouvrage sur japon des manufactures impériales, numérotés et signés.

L'ÉBÉNISTERIE

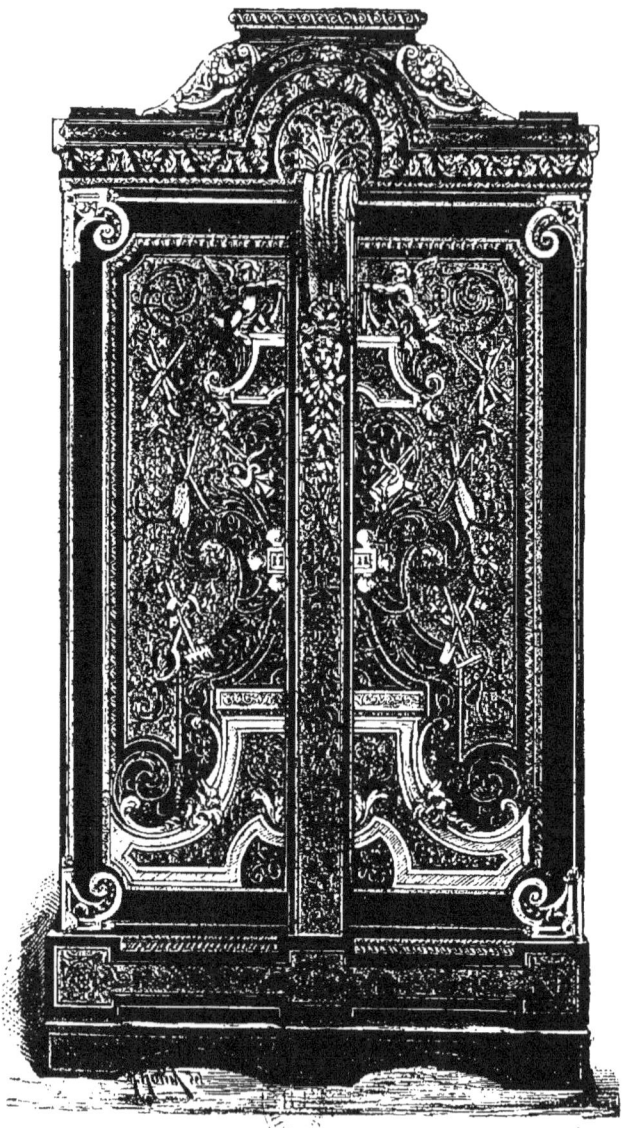

Armoire en marqueterie de Boulle.
(MUSÉE DU LOUVRE.)

LES ARTS DE L'AMEUBLEMENT

L'ÉBÉNISTERIE

PAR

HENRY HAVARD

Inspecteur général des Beaux-Arts
Membre du Conseil supérieur

QUATRE-VINGTS ILLUSTRATIONS PAR A. HOTIN

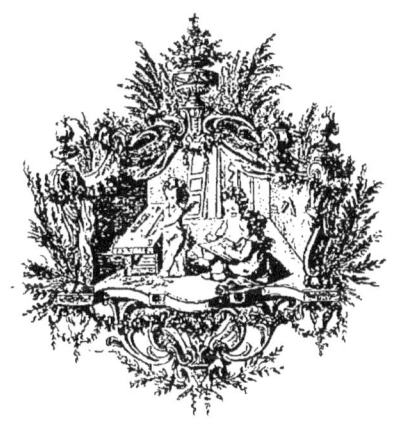

PARIS

LIBRAIRIE CHARLES DELAGRAVE

15, RUE SOUFFLOT, 15

Tous droits réservés

L'ÉBÉNISTERIE

PREMIÈRE PARTIE

HISTOIRE

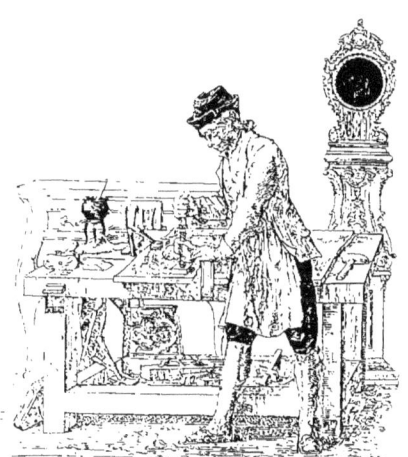

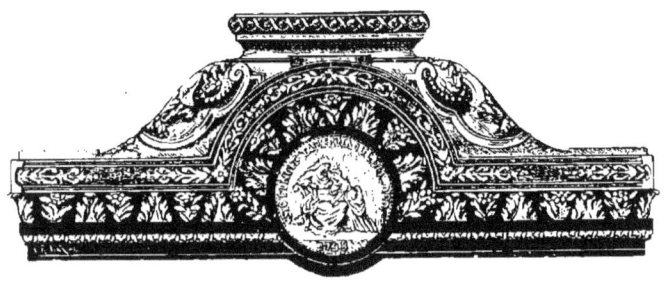

I

EXPLICATIONS PRÉLIMINAIRES. — ÉTYMOLOGIE DES MOTS ÉBÉNISTE ET ÉBÉNISTERIE. — L'ÉBÈNE ET SES EMPLOIS.

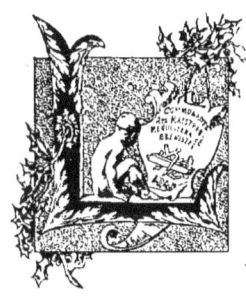'ÉTYMOLOGIE des substantifs Ébéniste et Ébénisterie n'est pas de celles qui mettent l'esprit des philologues à la torture. Elle n'a rien de mystérieux, et n'exige pas de longues et difficiles recherches. L'un et l'autre de ces deux noms dérivent du mot Ébène, et ne sont ni l'un ni l'autre très anciens. Le premier, en effet, ne se rencontre pas avant le milieu du xviie siècle, et c'est seulement au cours du siècle suivant que le second a pris la signification qu'il a conservée jusqu'à nos jours. Il est même à remarquer que le métier qualifié par Richelet « menuisier qui travaille l'ébène » était pratiqué depuis un demi-siècle, et que le nom d'ébéniste n'existait pas encore. Ainsi Laurent Staber, le premier de ceux ayant exercé cette profession qui obtint un logement privilégié dans le palais du Louvre (1608), est nommé sur son brevet « menuisier en ébène, faiseur de cabinets du

roi ». Van Opstal, qui vient ensuite (1627), est désigné sous le titre de « maître menuisier ébègnier ». En 1631, Pierre Boulle se fait appeler dans différents actes « tourneur et menuisier du roi en cabinets d'ébène ». L'Italien Domenico Cucci, que Louis XIV appelle d'Italie pour travailler à la Manufacture royale des meubles de la Couronne, est qualifié, en 1664, « ouvrier en cabinets d'ébène »; etc.

On voit par ces quelques exemples, qu'on pourrait multiplier, combien le substantif Ébéniste fut long à s'acclimater dans notre langue. On peut dire qu'il resta inappliqué dans le langage officiel, presque jusqu'à la fin du XVIIe siècle. Nous lisons, en effet, dans l'acte constitutif des Gobelins, daté de 1667, que le « Surintendant et le Directeur, sous lui, tiendront la Manufacture remplie de bons peintres, maîtres tapissiers de haute lisse, orfèvres, fondeurs, graveurs, lapidaires, *menuisiers en ébène* et en bois, teinturiers et autres bons ouvriers en toutes sortes d'arts et métiers ». Et cependant, dès cette époque, notre mot était usité dans le langage courant, puisque Richelet l'inscrit dans son *Dictionnaire;* et Furetière, en lui donnant asile dans le sien, lui attribue sa véritable et moderne signification, « menuisier qui *plaque* l'ébène » et, par extension, qui plaque les autres bois.

Quant au terme Ébénisterie, c'est en 1743 seulement que nous le voyons employer dans la Communauté même où se trouvaient groupés les habiles artisans dont il servait à désigner les ouvrages. « Les Maîtres menuisiers de Paris — dit l'article premier des Statuts corporatifs, édictés en cette année-là — ayant fait de tout temps les ouvrages connus et distingués aujourd'hui sous le nom d'*Ébénisterie, marqueterie* et *placages,* et partie de ces Maîtres s'étant, depuis plusieurs années, uniquement attachés à cette menuiserie, ont pris le titre de *menuisiers ébènistes,* ou simplement *ébènistes,* sans cependant faire un corps de Communauté séparé... En sorte que chacun d'eux est libre d'embrasser toutes les parties de ladite profession, ou de s'attacher uniquement à l'une d'elles. »

Au premier abord, cette tardive spécialisation d'une industrie aussi importante peut paraître extraordinaire; d'autant plus que, depuis le Moyen Age, l'ébène était employée dans le mobilier d'une façon presque courante, et qu'au xvie siècle on commença de l'importer en Europe par quantités relativement importantes. Dès cette époque même, les diverses sortes qui sont encore aujourd'hui en usage étaient connues et classées à peu près comme de nos jours. La plus recherchée était l'*Ébène noire*, fournie par le *Plaqueminier-ébène*, arbre qu'on trouve dans l'Inde, en Cochinchine, dans les principales îles de l'archipel Indien, à Madagascar, à Bourbon, au Gabon et dans d'autres contrées de l'Afrique occidentale. Et la plus employée, à cause de son prix moins élevé, était l'*Ébène de Portugal*, ainsi nommée du pays qui l'importait en Europe. Elle provenait d'un arbre nommé *le Brauma à bois noir*, relativement commun dans les forêts du Brésil.

Ces diverses espèces d'ébènes ont continué, nous venons de le dire, d'être d'un emploi constant dans l'industrie. Comme au xvie siècle, la première n'a pas cessé d'être la plus appréciée, parce que sa couleur noire est plus franche. La seconde, en effet, alors même qu'elle est très foncée, tire le plus souvent sur le violet, et comporte des veines verdâtres. On importe aussi de l'ébène du Brésil colorée en gris-brun, veiné de rouge et de noir. Enfin on donne encore, dans le commerce, le nom d'ébène à des bois qui offrent des analogies avec l'ébène véritable, mais qui ne sont pas produits par des ébéniers. Tel est le cas de l'ébène verte et de l'ébène jaune, la première d'un jaune verdâtre, la seconde d'un jaune plus franc, qui sont fournies par des arbres de la famille des *Bignoracées*, etc.

Dès le xiiie siècle, l'ébène était connue en France. On la nommait, suivant les provinces, *benus, ibenus, ybenus, ébènne, hébenne*, etc. Elle était considérée comme rare et précieuse, et l'ébènier était, à cause de la couleur de son bois, regardé comme un arbre funèbre. Nous lisons, en effet, dans le gracieux roman de *Floire et Blanceflor* :

> Au chief dessus de cel tombel,
> Avoit planté un arbrissel,
> Moult est si biaus et bien foillis (feuillu)
> Et de flors est assez garnis.
> Toutes sont chargiés les branches,
> Et de flors noveles et blanches.
> Cuis arbres a nom Bénus.

Dès cette époque, toutefois, l'ébénier ne servait pas uniquement à orner les cimetières et à ombrager les tombes. Son bois, débité avec soin, était employé à confectionner des coffrets, des écritoires, des manches de couteau, des damiers, des échiquiers et leurs échecs, etc. Mais, toujours à cause de la couleur, — et c'est là une particularité à retenir, — les manches de couteau en ébène étaient considérés comme meubles de deuil et, sur les tables royales et princières, réservés spécialement pour le temps du carême. Nous notons, en effet, dans les *Comptes de l'argenterie du roi Jean II le Bon*, dressés en 1352 par son argentier Étienne de la Fontaine, l'acquisition de « deux paires de couteaux à trancher devant le Roy : l'une paire à manches d'ybenus pour la saison du Karesme, l'autre paire à manches d'yvoire pour la feste de Pasques... », et celle d'une « autre paire de couteaux à trancher à manches escarteléz d'yvoire et d'ybenus, pour la feste de la Penthecouste... »

Ce sont là des raffinements mobiliers que nous ne connaissons plus. On continua bien, depuis, d'utiliser le bois qui nous occupe, pour les ouvrages de coutellerie, mais sans attacher aucune importance liturgique à sa sombre coloration. C'est ainsi que nous trouvons dans les *Acquits au comptant de François Ier*, à l'année 1538, l'achat : « A Simon Gaudin, marchand joyaulier » d'une « guesne de bois de hébène, garnie de six cousteaulx et une fourchette de mesme bois... faicte à la damasquine d'or et de pierreries... » De nos jours, du reste, l'ébène n'a pas cessé d'être employée à faire des manches de couteaux. Au siècle dernier, on lui trouva une adaptation nouvelle et du même genre. Nous voulons parler des manches de cafetière ; mais on eût bien étonné les contemporains de Mme de Pompadour, comme on nous étonnerait beaucoup nous-mêmes, en voulant faire varier la couleur de ces manches suivant le calendrier et ses fêtes religieuses.

Pour les autres adaptations précédemment énumérées, nous trouvons également, dans les *Inventaires* et les *Comptes royaux*, des mentions assez nombreuses. C'est ainsi que l'*Inventaire de la reine Clémence de Hongrie, femme de Philippe le Long*, dressé en 1328, décrit un « eschiquier à eschaz d'ivoire et d'ibernus ». De même le *Compte de l'éxécution du testament de Jehanne d'Évreux* (1372) mentionne un « coffret d'ibenne garni d'or ». L'*Inventaire de Charles V* (1380) nous apprend que ce roi serrait ses pierres les plus précieuses, dans une « boiste d'ibénus, garnie de bandes d'or esmaillées de blanc », et qu'il possédait en outre « ung petit coffre d'ybénus garni d'argent, à mettre les plumes et l'ancre », autrement dit une écritoire. On voit par ces quelques exemples — qu'on pourrait, s'il était nécessaire, étayer d'autres textes non moins précis — que, dès le xive siècle, l'ébène tenait une place honorable dans le mobilier, et qu'associée aux métaux les plus précieux, elle servait déjà à la confection d'un certain nombre de petits meubles.

Il ne paraît pas, par contre, qu'elle ait été employée, avant la fin du xvie siècle, d'une façon à peu près courante, à la fabrication ou à la décoration de meubles importants par leurs dimensions. Trois documents de cette dernière époque nous signalent, pour la première fois, l'ébène mise en œuvre dans des ouvrages de ce genre. Le premier de ces textes, par ordre de date, est l'*Inventaire des meubles de Claude Gouffier, duc de Roannès, grand escuyer de France* (1572). On y voit figurer des tables, des chaises, des escabeaux en « marqueterie » d'ivoire et d'ébène. Ensuite vient l'*Inventaire de la reine mère, Catherine de Médicis* (1589), où, indépendamment de « quatre pilliers de bois de lit d'ébène... », figurent trois de ces petites armoires auxquelles on donne le nom de cabinets, « marquetées » en ébène et ivoire. Enfin, dans le curieux pamphlet publié contre Henri III et sa Cour, sous ce titre significatif : *l'Isle des hermaphrodites,* on lit : « Quant aux meubles de bois, nous voulons qu'ils soient tout dorez, argentez et marquetez ; et lesdicts meubles, principallement les chalicts, soient, si faire se peut, de bois de cèdre, de rose et autres bois odorants, si quelqu'un n'ayme mieux en faire d'ebeine et d'ivoire ». Voici donc l'ébène entrée dans le grand mobilier, et à sa suite les principaux bois de placage. On remarquera, toutefois, qu'il s'agit exclusivement, dans ces documents, d'ouvrages de « marqueterie ».

Qu'est-ce donc que la marqueterie, et en quoi diffère-t-elle de l'ébénisterie proprement dite ? C'est ce que nous allons expliquer dans les chapitres suivants.

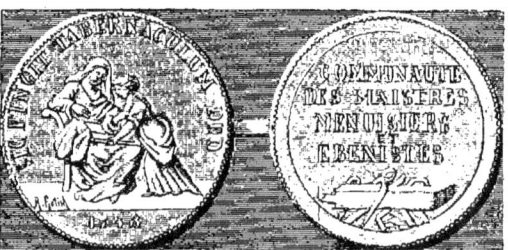

Fig. 6. — Jeton de la Communauté des menuisiers ébénistes.

II

DE LA MARQUETERIE ET DE L'INCRUSTATION

L'emploi, dans le mobilier, de la marqueterie et de l'incrustation, qui s'est longtemps confondue avec elle, remonte à l'antiquité la plus reculée. L'incrustation toutefois paraît avoir devancé la marqueterie, car on en rencontre des traces sur des meubles égyptiens contemporains de la XVIIIe dynastie. Chez nous, au Moyen Age, les premiers objets incrustés semblent avoir été importés d'Orient. On les désigne, en effet, dans les textes qui en font mention, comme étant de « l'œuvre de Damas », nom générique sous lequel on englobait alors toutes les productions de l'Asie Mineure. Des versets du Coran, qu'on qualifiait de « lettres sarrasines », et des arabesques gracieuses, qui faisaient le fond de leur décoration, ne laissent aucun doute sur leur origine exotique. Néanmoins, et malgré leur provenance hérétique, ces petits meubles prenaient place dans les sanctuaires les plus vénérés, parce que c'est en eux — surtout dans les coffrets — que les croisés et les pèlerins rapportaient les reliques, plus ou moins authentiques, acquises par eux dans leurs voyages en Terre sainte.

Ces coffrets incrustés, marquetés, de « l'œuvre de Damas », furent naturellement imités, copiés en Europe. Les *Inventaires du duc Jean de Berry,* publiés récemment par notre savant ami Jules Guiffrey, mentionnent, à côté d'un certain nombre de ces petits écrins (escrinets) de provenance asiatique et remplis de reliques[1], d'autres meubles,

---

1. On jugera par l'article suivant, emprunté à un *Inventaire du duc Jean de Berry*, collationné en 1402, du nombre et de la variété des reliques conservées par les princes dans leurs trésors : « 643. *Item*, un

où se trouvent incrustées des armoiries et des personnages. Nous citerons notamment (art. 50) : « un grand tableau où est la Passion [de] Nostre Seigneur, fait de point de marqueteure, et entour de l'un des costéz garni d'argent blanc ». Pour celui-là particulièrement, il ne saurait y avoir d'erreur. Il est de fabrication chrétienne et occidentale. Était-il français ? Cela est moins certain, car il semble que nos artisans, au Moyen Age et à l'époque de la Renaissance, aient peu pratiqué cette profession de marqueteur, qui réclamait surtout des qualités de précision, de patience, de persévérance, peu compatibles avec le génie un peu primesautier de notre race, mais qui distinguent au contraire les populations lentes et obstinées de l'Allemagne et des Flandres.

escrinet de ciprès fait de marqueteure par dehors, et dedans le couvercle a une lunette de mirouer, auquel sont les reliques qui s'ensuivent : premièrement de saint Loup, evesque d'Angers ; — du doy [de] saint Libori ; — de saincte Luce, vierge ; — de saint Philippe l'appostre ; — de saint Martin, abbé de Verteuil ; — du tombel [de] saincte Katherine, vierge ; — de la pierre dont saint Estienne fut lapidéz ; — des reliques saint Marcouls et saint Carnols ; — de saint Jude, appostre ; — de saint Roffec, evesque d'Avranches ; — de saint Alais ; — de saint Vincent ; — de saint Symphorian ; — de la barbe [de] saint Pierre, de l'Eglise de Poictiers ; — de sainte Cristante et de saincte Darie ; — de saint Esmon ; — de saint Marcel ; — de saincte Elde, vierge ; — de saincte Natalie, vierge ; — de saincte Clotilde, royne de France ; — de saincte Marie Egipcienne ; — de saint Fremin ; — de saint Benoît ; — de saincte Marthe ; — de saincte Marie l'Egipcienne encores ; — de saint Vincent encores ; — de saint Malachie, evesque ; — des Innocents ; — du dyadesme [de] Nostre Seigneur estant au tombel ; — de saint Ciré ; — de saint Marc ; — de saint Théodore ; — de la manche de l'habit [de] saint Jehan, évangeliste ; — de saint Benoit, encores ; — de saint Usupère ; — de saincte Potencienne ; — des draps de l'enfance [de] Jhesus-Crist ; — du linceo (linge) dont Dieu estoit ceint, quant il lava à la Cène les piéz des appostres ; — du sépulcre [de] Nostre Seigneur ; — de saint Symon, appostre ; — de saint Philippe, appostre ; — de saint Jaques le Mineur ; — de saint Jude, appostre ; — de la table [de] Nostre Seigneur ; — de saincte Marguerite, avec un annel d'or où il a un saphir ; — le doy de saincte Appollaine, avec un annel d'or où il a une esmeraude ; — de saincte Elisabeth d'Ongrie... » Ouf ! — Et l'*Inventaire* décrit un certain nombre de ces coffrets si copieusement garnis de reliques.

C'est de ces deux pays qu'on paraît, en effet, avoir importé chez nous, au xve et au commencement du xvie siècle, le plus grand nombre des objets marquetés dont la description nous a été conservée. Plus tard, des fabriques relativement importantes de meubles de ce genre furent établies à Gênes, en Espagne et en Portugal, qui expédièrent également chez nous des spécimens assez nombreux de leur production. Enfin, par ses relations alors exception-

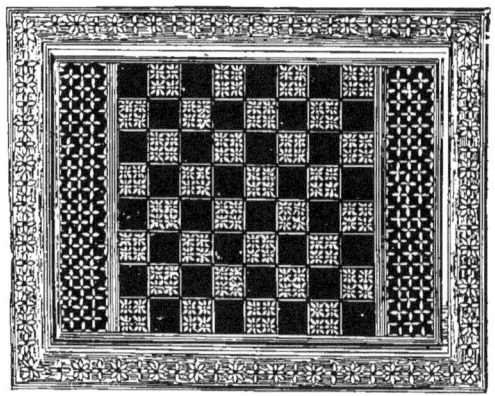

Fig. 7. — Échiquier en incrustation (de l'œuvre de Damas).
(xive siècle.)

nellement étendues avec les deux Indes, ce dernier pays (le Portugal) fit pénétrer chez nous des marqueteries de l'extrême Orient, qui allaient, à leur tour, servir de modèles aux artisans européens. Quelques exemples, au surplus, vont attester la fréquence de ces fournitures exotiques.

En 1483, quand mourut Charlotte de Savoie, veuve de Louis XI, on dressa un état détaillé de son mobilier; et dans cet état figure « un petit coffre de bois plat, *œuvré à la coustume de Flandres*, de la grandeur d'un pied et demy de long, fort œuvré et menuisé et marche[té] d'os et d'yvyère (ivoire) ». Une autre femme illustre de ce temps, la fille de

Charlotte de Savoie, la célèbre Anne de France, dame de Beaujeu, qui fut régente durant la minorité de Charles VIII, possédait : « une belle table carrée, faicte à marqueterie, où sont plusieurs villes peintes à pièsses rapportées, *faicte en Allemaigne* ». Un extrait des *Dépenses secrètes* de François Ier nous apprend qu'en 1529, ce prince fit payer à Pierre Lemoyne, « marchant demourant à Portugal », deux cent quatre-vingt-sept livres tournois, somme alors considérable, « pour un chalict marqueté à feuillages de nacre de perle, faict au pays d'Indye », avec « une chaire faicte à la mode dudit pays d'Indye, vernissée de noir et enrichie de feuillages et figures d'or[1], lesquels chalict et chaire, ledit Seigneur (c'est-à-dire le roi) a prins et achaptéz de luy, et iceux faict mettre en son cabinet, au château du Louvre, à Paris. »

Continuant nos investigations, nous relevons dans l'*Inventaire du cardinal d'Amboise* (1550) « une table (composée) de deux pièces de marqueterye à *l'espagnolle* » ; et dans l'*Inventaire de Charles Evento* (Marseille, 1555), « une petite chaire de marquetterie, faite *à la génevoise* » (lire *à la génoise*). Ces textes, croyons-nous, établissent d'une façon péremptoire que, durant le XVe et même le XVIe siècle, la France demeura tributaire, pour ce genre de produits, de ses voisins du nord-est et du sud.

S'il fallait une nouvelle preuve de la supériorité de ces étrangers sur nos nationaux, nous la trouverions dans ce double fait, qu'un Italien, Jean-Michaël de Pantaléon, fut attaché à la Maison de François Ier avec le titre de « marqueteur du Roy » ; et que ce même titre fut accordé, en 1576, à l'Allemand Hans Kraus, appelé de Cologne pour exécuter

---

1. Cette chaise si curieusement décrite est, croyons-nous, le premier exemple de meubles laqués, qu'on signale dans notre mobilier. Elle semble révéler que les deux beaux meubles acquis par François Ier venaient, non pas de l'Inde, comme dit la note que nous citons, mais bien de la Chine.

de grands travaux de marqueterie projetés par la Cour. Il y aurait toutefois injustice à ne pas mentionner certains

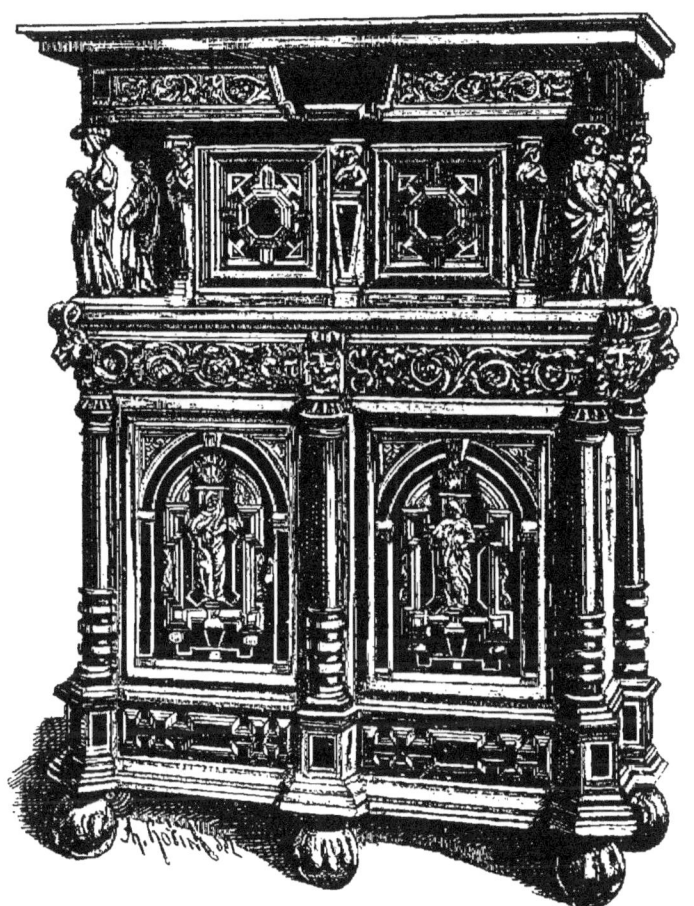

Fig. 8. — Armoire flamande marquetée (fin du XVIe siècle).

artistes français qui paraissent, eux aussi, avoir excellé dans ces délicats ouvrages. De ce nombre fut Michelet Guesnon, qualifié *marquetier* par les *Comptes du château de Gaillon,* et chargé par le cardinal d'Amboise « de faire la marquetterie à lui devisée, aux armoires du cabinet de Monseigneur ».

En quoi consistaient ces importants travaux, dont Michelet Guesnon, Jean-Michaël de Pantaléon, Hans Kraus et leurs émules enrichirent les demeures royales et princières, pendant tout ce xvie siècle si fécond en ouvrages exquis? C'est ce qu'il est moins facile de dire, car nous serions assez incomplètement renseignés sur le caractère et l'aspect de la marqueterie à cette époque, sans un spécimen magnifique qui nous a été conservé. Nous voulons parler des lambris de la chapelle du château de la Bastie, transportés à Paris il y a quelques années. Cette belle décoration comprend une suite très curieuse de panneaux ornés de sujets divers, et peut donner ainsi une idée de ce qu'étaient ces ouvrages peu répandus; alors qu'un nombre assez considérable d'armes à feu : mousquets, carabines à rouet, etc., ornées d'incrustations en ivoire et en nacre, d'une incomparable délicatesse et d'une finesse merveilleuse, peuvent nous laisser entrevoir ce que devaient être ces meubles : cabinets, chaires, tables, qui, hélas! ont à peu près tous disparu.

Ajoutons que plus on avance dans le xvie siècle, et plus les matières employées par les marqueteurs pour la confection de leurs précieux ouvrages augmentent en nombre et en variété. Déjà, dans les beaux lambris du château de la Bastie, on peut distinguer l'emploi de cinq ou six bois divers, qui, mariés et habilement combinés ensemble, ont permis d'établir des petits tableaux agréablement nuancés, où la perspective elle-même et ses dégradations de tons sont observées et rendues avec une justesse singulière.

Les voyages plus fréquents aux Indes et en Amérique, ainsi que le développement des relations commerciales avec les pays d'outre-mer, permirent bientôt d'augmenter considérablement cette gamme un peu sombre, et d'en varier les effets. Aussi voit-on ces effets prodigués dans la plus riche peut-être et la plus imposante assurément des œuvres

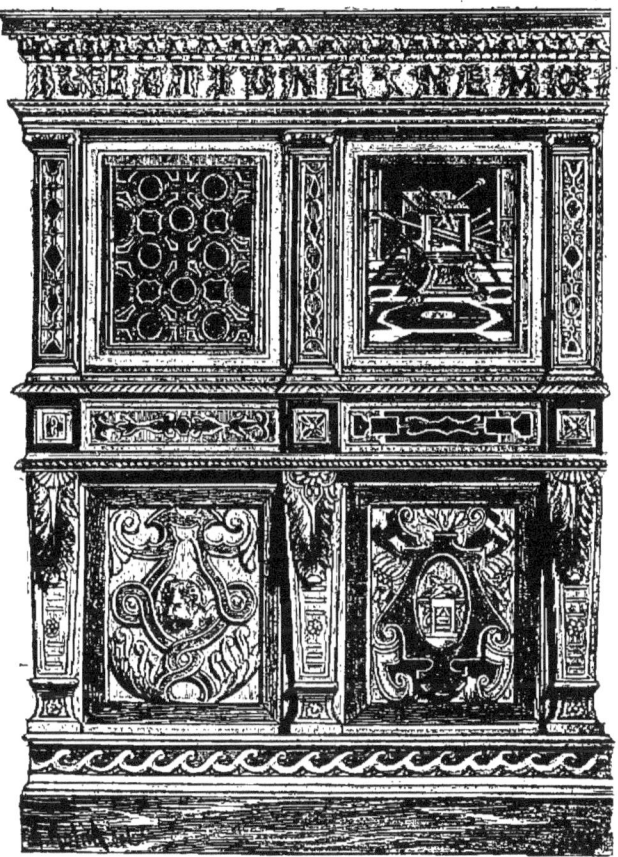

Fig. 9. — Lambris marqueté provenant du château de la Bastie.

de marqueterie exécutées à la fin du xvie siècle : nous voulons parler de la galère qui, le 3 novembre 1600, amena Marie de Médicis à Marseille.

Ce jour-là, spectacle inattendu, on vit apparaître, au milieu d'une flotte nombreuse, un navire à la parure féerique, dont un contemporain, le vénérable Palma Cayet, nous a laissé la description suivante : « La galère de Sa Majesté attiroit les yeux d'un chascun; car elle estoit royallement belle et telle que la mer n'en avoit porté de longtemps une plus riche ny plus superbe. Elle estoit de la longueur de septante pas, et de vingt-sept rames par bandes, dorées pour tout ce qui pouvoit se voir au dehors. Le bois de la poupe estoit marqueté de canes d'Inde, de grenatines, d'ebène, de nacre, d'ivoire et pierre bleüe ; elle estoit couverte de vingt grands cercles de fer doré, croiséz et enrichis de pierreries, de perles, avec vingt grosses topazes et esmeraudes. »

Ces quelques exemples permettent de constater que, malgré l'absence presque complète de témoignages matériels, c'est-à-dire de meubles importants, — car tous ou presque tous ont été détruits, — la marqueterie et l'incrustation prirent, au XVIe siècle, un développement considérable, et qu'elles atteignirent, dès cette époque, à une magnificence qui laisse pressentir l'étonnante richesse et l'invraisemblable somptuosité, à laquelle elles allaient parvenir sous le règne de Louis XIV.

Fig. 10. — Détail de marqueterie, provenant du bureau dit de Marie de Médicis.

III

DES DIVERSES SORTES DE MARQUETERIE. — LA MOSAÏQUE
DE BOIS ET L'ÉBÉNISTERIE PROPREMENT DITE

Jusqu'à présent nous avons, dans cette étude, confondu les travaux d'incrustation et de marqueterie. Cette confusion était en quelque sorte inévitable, non seulement parce qu'entre les deux procédés — on pourrait dire entre les deux systèmes de fabrication — il existe certaines analogies, mais plus particulièrement parce que l'aspect des meubles exécutés de l'une et l'autre manière ne présente pas des dissemblances assez accentuées, assez caractéristiques, pour que des scribes trop souvent inexpérimentés — même ceux auxquels nous avons emprunté les textes plus haut cités — n'aient pu se tromper sur la façon dont avaient été confectionnés les objets qu'ils étaient chargés de cataloguer ou de décrire.

Les erreurs de ce genre sont, au surplus, d'autant plus excusables, que les limites séparant ces deux sortes d'ouvrages n'ont jamais été très rigoureusement précisées. Et à notre époque on voit encore se produire de ces confusions, même chez des écrivains spéciaux, et trop bien renseignés pour que ces erreurs ne soient pas volontaires. Pour ne citer qu'un exemple, nous invoquerons MM. Nosban et Maigne[1], dont l'autorité en matière d'ébénisterie ne saurait être contestée. Non seulement ces deux auteurs comprennent parmi les opérations de la marqueterie certains travaux, comme l'application des filets, qui relèvent de l'incrustation pure, mais ils emploient ce terme d'incrustation

---

1. Auteurs du *Manuel de l'ébéniste et du marqueteur;* Paris, 1877. Voir p. 236 et suiv.

pour désigner des ouvrages qui rentrent dans la spécialité de la marqueterie. La raison de ces fautes préméditées de terminologie paraît découler de ce fait, qu'à une certaine époque, le substantif incrustation sonnait mieux aux oreilles de la clientèle inexpérimentée à laquelle on prétendait vendre ces sortes de meubles. C'est du moins ce qui semble résulter de l'explication suivante :

Après avoir constaté que la marqueterie, délaissée à partir de la Révolution, acheva d'être abandonnée sous l'Empire, « cependant, écrivent MM. Nosban et Maigne, d'habiles ébénistes essayèrent peu à peu de la faire revivre, tout en la modifiant, et en l'appliquant avec mesure, sous le nom d'*incrustation*. On signalait déjà leurs louables efforts à l'exposition de 1827, et l'exposition de 1834 les couronna complètement. Dès lors, les *incrustations, qui ne sont qu'une forme de la marqueterie,* s'étendirent partout ; et cette vogue extraordinaire s'est maintenue jusqu'à nos jours. »

Cependant il s'en faut de beaucoup que le travail de l'incrustation et celui de la marqueterie soient identiques. Dans le premier, on commence par creuser à une certaine profondeur le bois de fond, et dans ce creux exécuté avec beaucoup de soin et suivant un dessin préalablement tracé, on fait pénétrer soit des petits cubes, soit des filets, soit des rinceaux, soit toute autre figure ou tout autre ornement, découpés dans une substance différente, et de manière à remplir exactement le vide que l'on a creusé.

Somme toute, c'est là un genre de travail qui n'est pas spécial au bois. Il peut s'exécuter avec toutes sortes d'autres matières. Les métaux, surtout, se prêtent aux incrustations, qui ont reçu, dans ce cas particulier, le nom de *damasquine,* parce que c'est en Orient que ce procédé d'ornementation fut appliqué, tout d'abord, au fer et au cuivre ; comme il avait été également employé — nous l'avons vu plus haut — pour les coffrets de « l'œuvre de Damas ».

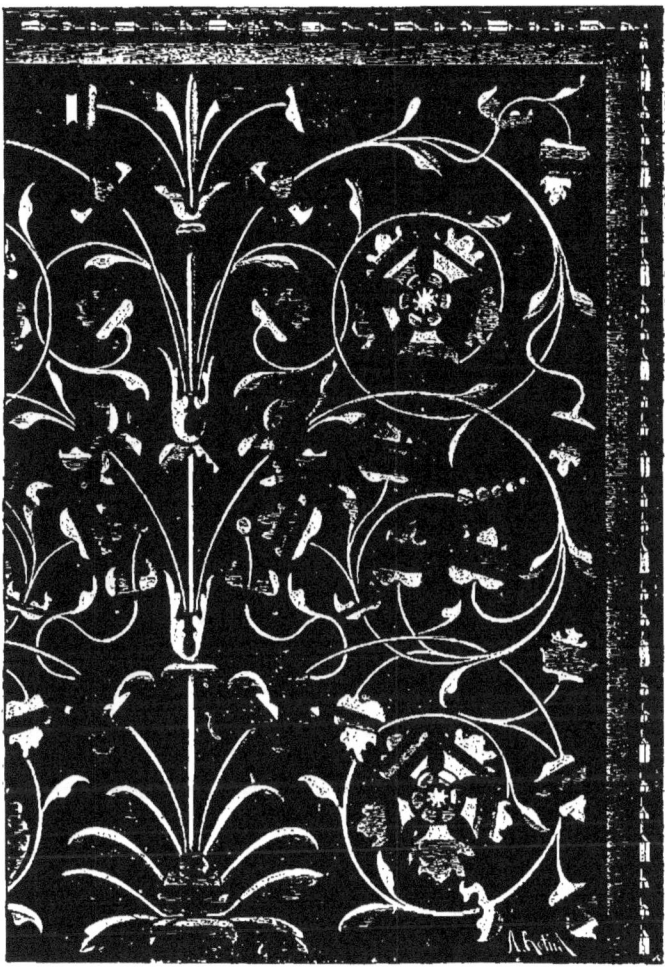

Fig. 11. — Lambris marqueté. (CHARTREUSE DE PAVIE.)

Avec la marqueterie, il n'en va plus de même, et les diverses façons dont elle s'exécute présentent toutes un point commun. Le bois de fond n'est pas entamé. Il n'est pas creusé, comme dans l'incrustation. Il reste uni et sert de table — si l'on peut dire ainsi — pour porter les dessins qui sont juxtaposés à sa surface. Ces dessins peuvent être obtenus de deux façons sensiblement différentes :

Dans le premier cas, on commence par préparer des lames de bois précieux, d'ébène, d'ivoire, de nacre, d'écaille, de cuivre, d'étain, etc., suivant la nature de la mar-

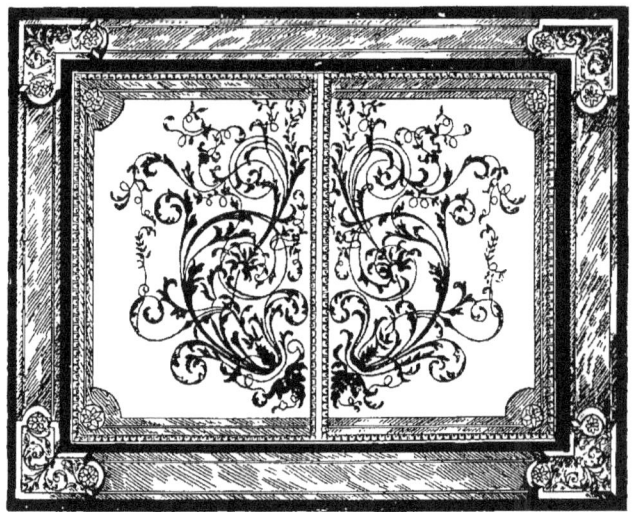

Fig. 12. — Marqueterie d'ébène et d'étain (contre-partie).

queterie qu'on veut produire; et en ayant soin que toutes ces lames soient bien exactement de la même épaisseur. On colle ensuite l'une sur l'autre, et deux par deux, celles d'entre elles dont on veut se servir. Puis, après avoir assujetti la pièce de sorte qu'elle ne puisse bouger, à l'aide d'une scie extrêmement fine ou d'un burin bien trempé, on tranche les deux feuilles ensemble, suivant un dessin arrêté.

Ce découpage effectué, il suffit de procéder au décollage,

pour avoir quatre feuilles s'emboîtant deux par deux, l'une dans l'autre, comme les pièces d'un jeu de patience.

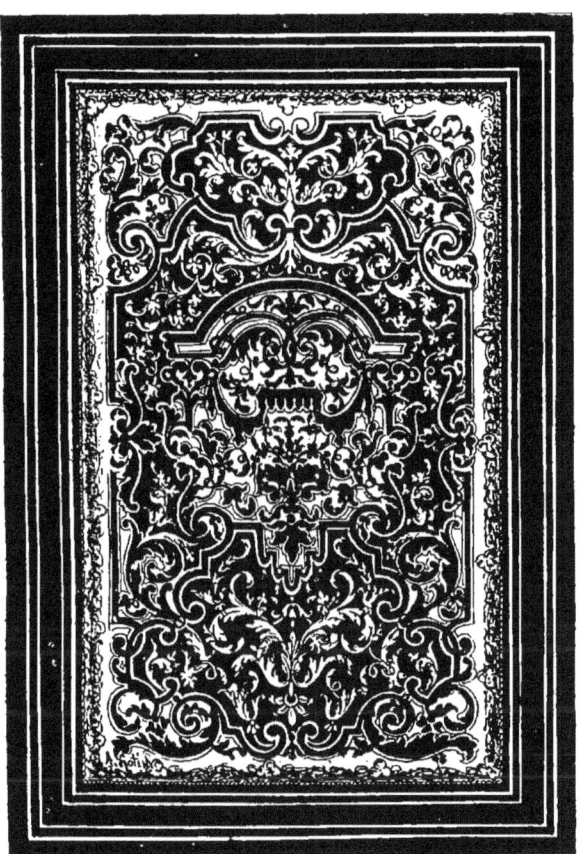

Fig. 13. — Marqueterie d'écaille et de cuivre (première partie).

Supposons que nous ayons ainsi coupé une feuille d'ébène et une feuille d'ivoire : une fois le décollage opéré, nous aurons quatre feuilles. En réunissant de nouveau, et par emboîtage, ces quatre feuilles et en ayant soin de les faire alterner, nous obtiendrons une première plaque où le dessin sera formé par l'ivoire, et le fond par l'ébène ; et une seconde plaque où, inversement, l'ébène formera le dessin, qui se détachera sur le champ blanc de l'ivoire.

Il n'est pas besoin de beaucoup de réflexion pour comprendre que, des deux plaques ainsi reconstituées, celle dont l'ivoire forme le dessin est supérieure à l'autre. Il suffit, en effet, de compléter ce dessin par quelques traits, par quelques hachures, pour obtenir, avec des détails suffisants, une sorte de modelé qui ajoute au charme de l'ouvrage. C'est ce que ne pourra jamais fournir l'ébène, dont la masse noire se détachera toujours en silhouette brutale sur le fond blanc. Aussi a-t-on donné à l'une de ces combinaisons le nom de *première partie,* alors que l'autre, celle où le dessin ne peut être complété par un travail de gravure, a reçu celui de *contre-partie.*

Indépendamment de cette première classe de marqueterie, obtenue en quelque sorte par pénétration, on en confectionne une autre qui a porté longtemps le nom de *mosaïque de bois*[1].

Pour cela, on découpe dans un certain nombre de feuilles de bois différents, ou de matières diverses, — toutes bien exactement de la même épaisseur, — une série de petits polygones, taillés de façon que leurs contours rapprochés puissent s'unir et, en s'unissant, forment des dessins agréables. Il demeure bien entendu que ces polygones, comme les plaques ajourées dont nous parlions à l'instant, sont appliqués sur une table ou sur un bâtis de bois plus ordinaire, parfaitement lisse, où ils sont retenus par une liaison de colle forte.

---

1. Cette expression fut surtout usitée au XVIIIe siècle. Nous relevons sur le *Livre-Journal* de Lazare Duvaux : « 26 janviers 1749. — M. le président Hénault : une commode bâtie de chêne, plaquée à mosaïque de différens bois des Indes... 192 liv. » — « 30 juillet 1749. — Mme la Dauphine ; un secrétaire plaqué à mosaïque de bois de rose... 672 livres. »

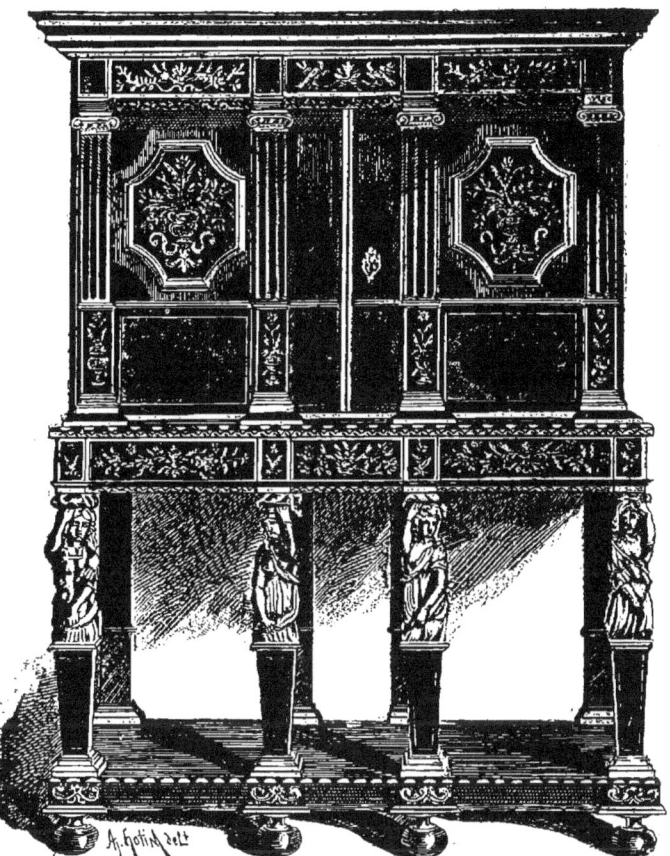

Fig. 14. — Cabinet italien, en marqueterie d'écaille, de cuivre et de bois exotiques.

C'est cette seconde sorte de marqueterie qui devait donner naissance à l'ébénisterie proprement dite ; car le travail de celle-ci consiste également à plaquer un bois précieux sur un bois de moindre valeur, avec cette différence, qu'au lieu de combiner des petits polygones de couleurs variées, on opère par surfaces beaucoup plus étendues.

C'est au commencement du xvııᵉ siècle que, par le placage de ces grandes surfaces, s'effectua, dans l'ornementation des meubles, la modification décisive qui allait donner naissance à l'ébénisterie. Nos ancêtres du Moyen Age avaient été grandement épris de la polychromie. Non seulement ils avaient prodigué les couleurs éclatantes sur les façades et sur les murs intérieurs de leurs habitations, mais leurs meubles eux-mêmes étaient généralement peints de nuances brillantes. Avec la Renaissance, ce beau zèle s'était beaucoup attiédi. Le goût de l'Antiquité et l'admiration professée pour ceux de ses ouvrages qui nous avaient été conservés, fit rentrer le mobilier dans des voies moins tapageuses. Gilles Corrozet, en ses *Blasons domestiques* [1], vante les belles tonalités ambrées que le bois, redevenu visible, prend au contact de la brosse et de la cire. Mais cet amour de la simplicité devait être de courte durée.

Marie de Médicis, dans la seconde moitié du xvıᵉ siècle, avait provoqué une demi-révolution, en faisant venir à grands frais, de son pays, quelques-uns de ces cabinets enrichis de cabochons, de mosaïques de Florence et de bronzes dorés, si fort à la mode alors en Italie, et connus dans la péninsule sous le nom de *stippi*. Dès lors, les beaux bois français, le chêne et le noyer, qui se prêtaient si merveilleusement à la sculpture, cessèrent de satisfaire une société pour laquelle les délicatesses de l'exécution et la pureté de la forme ne constituaient plus un mérite principal.

Avec le règne de Henri IV, cette tendance à la somptuosité alla en s'accentuant. La génération qui arrivait aux

---

[1]. Le ton du *vieux chêne*, que nous donnons, à l'aide du brou de noix, à nos meubles dits *de style*, n'était nullement goûté au xvıᵉ siècle. Gilles Corrozet, dont nous citons les *Blasons*, vante la couleur claire du

> Coffre de boys qui point n'empire,
> Madré et jaune comme cire.

Plus loin, parlant de l'escabeau, il dit encore :

> Scabelle mignonne et propice,
> Jaune comme l'or...

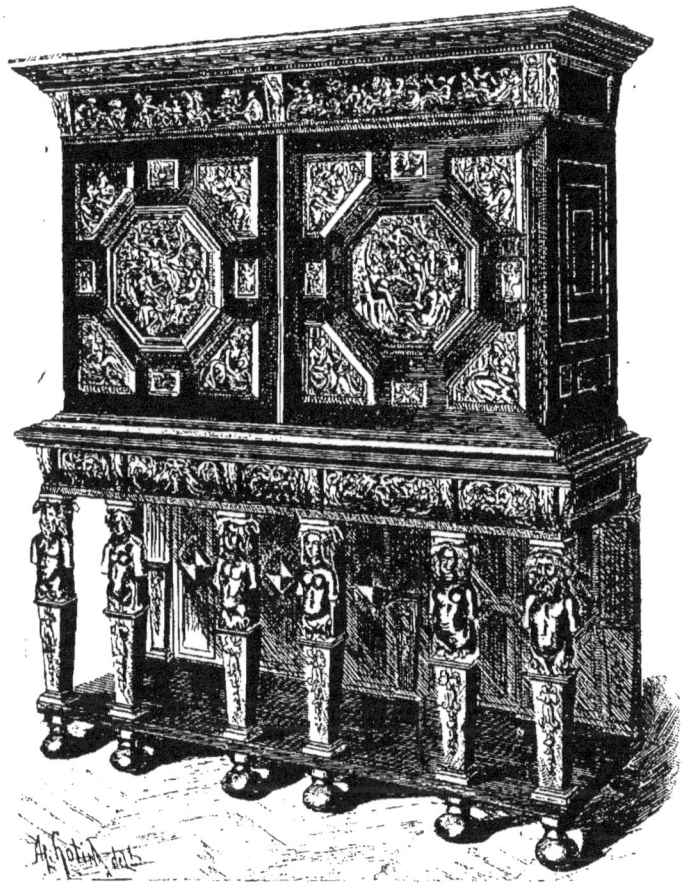

Fig. 15. — Cabinet plaqué en ébène (style Louis XIII).

affaires avait été élevée au milieu des guerres civiles, c'est-à-dire à une mauvaise école pour les choses procédant du goût. Sous Louis XIII, on renonça donc progressivement à ces beaux meubles sculptés en haut-relief, avec colonnes, niches, frontons et entablements, pour leur substituer les cabinets, armoires, tables et guéridons plaqués en bois précieux. Mais comme l'humeur du roi n'était rien moins que gaie, et se plaisait plutôt aux couleurs sombres; comme le goût espagnol, introduit par Anne d'Autriche à la Cour, correspondait, en apparente austérité, aux préférences du roi; au lieu de rechercher, dans ces meubles habillés de bois précieux, les nuances vibrantes et les couleurs tran-

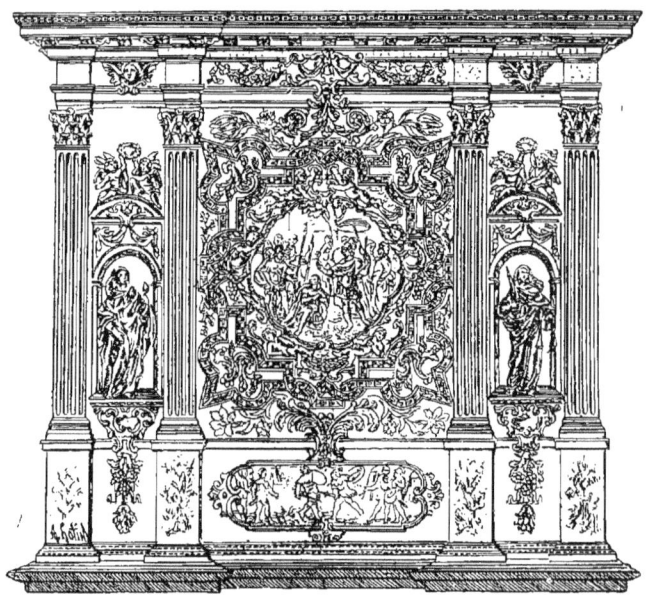

Fig. 16. — Panneau de cabinet plaqué en ébène.

chées, on adopta la triste ébène, dont le placage prit presque instantanément une importance inattendue.

Il nous reste encore un nombre relativement considérable de ces beaux cabinets, contemporains de Louis XIII; et si l'on tient compte de la naturelle fragilité des meubles plaqués, il est à croire que l'on en dut produire, en trente années, une quantité vraiment surprenante. Malgré leurs formes carrées, dépourvues de saillies, et leur aspect funèbre, ces meubles, au surplus, ont vraiment grande tournure.

L'ÉBÉNISTERIE

Les panneaux qui les décorent, le plus souvent sculptés de fort jolis bas-reliefs à sujets mythologiques, sentent encore la bonne école. Autour de ces bas-reliefs, se combinent des encadrements faits de moulures collées, et de bandes ondées et rubanées, d'un effet alors neuf et demeuré très caracté-

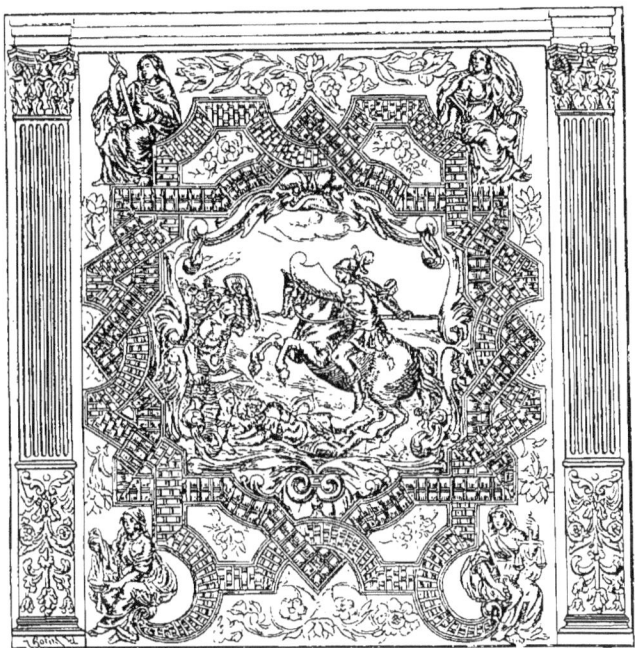

Fig. 17. — Panneau de cabinet plaqué en ébène.

ristique. Les frises qui les surmontent, participent également de ce genre de décoration, et l'application de l'ébène par grandes surfaces, la nouveauté du travail que nécessitait cette application, aussi bien que la quantité de cabinets, de cadres de tableaux ou de miroirs, et d'autres meubles de même genre sortis, pendant un laps de temps relativement court, des ateliers de Paris et de la province, impressionnèrent tellement les contemporains de cette production intensive, que le nom d'ébéniste — nous l'avons constaté — devint, dans notre langue, synonyme de marqueteur.

Nous avons eu occasion de remarquer, au précédent chapitre, que, dès le xvie siècle, les Hollandais, les Flamands et les Allemands avaient excellé dans ce genre de travail. Ce sont encore des Hollandais et des Flamands que nous voyons diriger, à Paris, les ateliers importants d'où sortirent ces beaux meubles sombres.

En 1608, Henri IV accordait un logement privilégié, dans la Galerie du Louvre, à Laurent Stabre (Staber), originaire, comme son nom l'indique, des Pays-Bas. Stabre eut pour successeurs, dans la faveur royale, Van Opstal, Ostermayer, et Equeman, ses compatriotes, qui furent, comme lui, gratifiés du titre de « menuisiers de la Maison du roi ». Jean Macé, qui vient ensuite, et qui obtint, en 1644, le logement du Louvre réservé à sa profession, était né à Blois. Mais il avait de bonne heure quitté sa ville natale, pour aller se former en Hollande ; et la faveur insigne qui lui fut accordée se trouve motivée, dans son brevet, par « la longue pratique qu'il s'est acquise en cet art, dans les Pays-Bas, et les marques qu'il en a données, par les ouvrages de menuiserie en ébène et autres bois de diverses couleurs, présentés par lui à la Reine Régente ».

Mais la date de ce document mérite qu'on s'y arrête. En 1644, Louis XIII était mort depuis un an, laissant un fils mineur pour lui succéder sous la régence d'Anne d'Autriche, c'est-à-dire de Mazarin, tout-puissant, comme on sait, sur l'esprit de la reine. Avec Mazarin, l'influence italienne va reprendre son cours et substituer aux mélancoliques façades du mobilier en ébène, une livrée plus éclatante. Déjà cette évolution se laisse prévoir par la mention « et autres bois de diverses couleurs » énoncée dans le brevet que nous venons de citer.

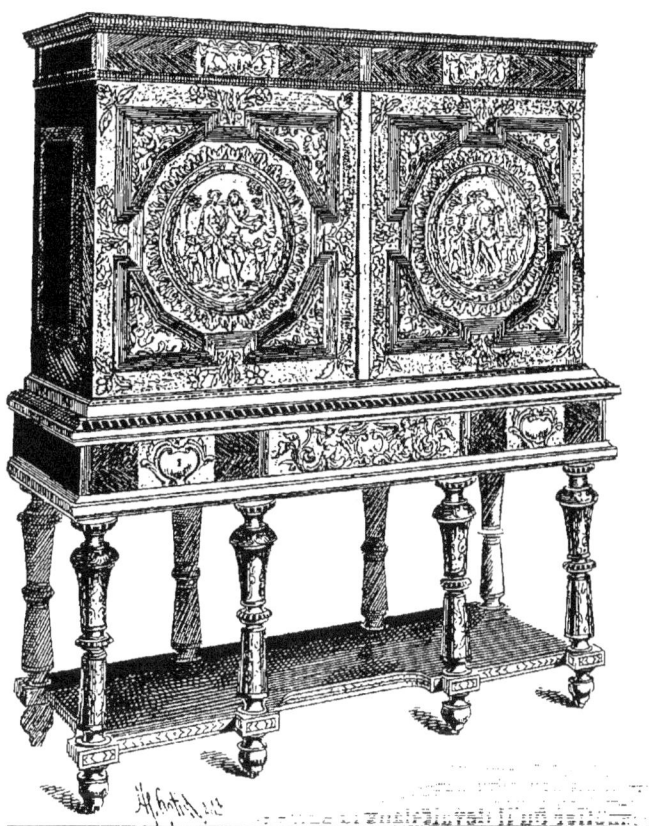

Fig. 18. — Cabinet plaqué en ébène (style Louis XIII).

Bientôt ce ne seront plus seulement différents bois que les ébénistes vont associer ensemble; ce seront l'écaille teintée, le cuivre, l'étain, l'ivoire; et grâce à ces adjonctions, l'art du marqueteur-ébéniste va entrer dans sa période triomphale.

IV

L'ÉBÉNISTERIE ET LA MARQUETERIE SOUS LE RÈGNE DE LOUIS XIV. — LES MEUBLES DE BOULLE

Ce mobilier magnifique, merveilleux, d'une somptuosité invraisemblable, qui caractérise l'époque à laquelle nous voilà parvenus, est désigné d'une façon générale sous le nom de *Meubles de Boulle*, à cause d'André-Charles Boulle, qui l'amena à son point de perfection. Ce célèbre artiste a joué dans l'histoire de l'ébénisterie un rôle trop considérable pour que nous n'essayions pas de résumer ici, en quelques pages, sa vie singulièrement accidentée.

André-Charles Boulle naquit à Paris le 11 novembre 1642. Le P. Orlandi, à qui nous devons cette date[1], nous apprend en outre que, dès sa plus tendre jeunesse, il marqua « toutes les dispositions nécessaires aux beaux-arts, et pour n'importe quelle profession qu'il aurait pu choisir ». « Les goûts de cet excellent artiste, ajoute-t-il, l'eussent porté à s'adonner à la peinture, si son père, artisan ébéniste (*artifice ebanista*), ne l'avait astreint à suivre son métier qu'il devait dans la suite illustrer, et dans lequel il devait arriver, par le dessin et le goût, à une perfection supérieure et ignorée jusqu'alors et par son père et par tous ceux qui l'avaient précédé. »

Le P. Orlandi écrivait en 1719, du vivant même d'André-Charles Boulle. Nous pouvons donc tenir pour certains les renseignements qu'il nous donne. Il nous reste à regretter qu'ils ne soient pas plus complets. Quel était le prénom de ce père, ébéniste de talent ? C'est là ce qu'il omet de

---

1. Voir son *Abecedario pittorico*.

nous dire; — question d'autant plus embarrassante que, dès 1619, un certain Pierre Boulle était logé aux Galeries du Louvre, avec le titre d'ébéniste du roi. Ce Pierre Boulle mourut en 1636; il ne peut donc avoir été le père de notre artiste. Était-il son grand-père? Nous avons établi dans une monographie, vieille déjà de quelques années[1], que

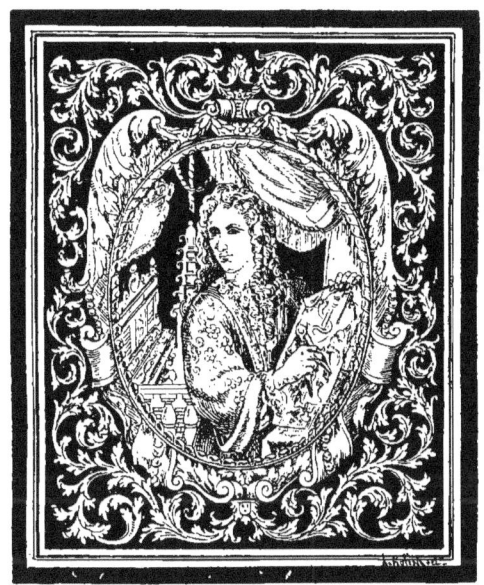

Fig. 19. — Portrait présumé de A.-C. Boulle, en marqueterie.

la chose était impossible. Son parent? Cela est plus probable, et aussi d'un certain Nicolas Boulle, maître brodeur. Mais, en dépit des obscurités de l'état civil, il résulte des monuments par nous publiés, qu'André-Charles Boulle ne fut pas le fondateur, mais simplement le continuateur d'une dynastie d'ébénistes singulièrement habiles, dont

1. *Les Boulle* (collection des Artistes célèbres), p. 17 et suiv.

il rendit le nom justement célèbre. Et nous allons démontrer, par des constatations précises, qu'il ne fut pas non plus l'inventeur des marqueteries splendides qui portent son nom.

Vingt ans, en effet, avant que notre artiste commençât à travailler, il existait déjà des coffres et des bureaux marquetés en métal, offrant de très frappantes analogies avec les ouvrages qu'on englobe d'une façon générale sous le nom de « meubles de Boulle ». Dès 1650, on voit le cuivre poli et l'écaille allier leurs chauds reflets dans les cadres, les coffres d'horloges et surtout dans les cabinets alors fort à la mode. Un de ces derniers, qui figure dans l'*Inventaire du cardinal de Mazarin* dressé en 1653, présente déjà ces caractères brillants dont le génie de notre grand ébéniste tirera, par la suite, un si merveilleux parti. La minutieuse description de ce meuble commence ainsi : « Un cabinet d'escaille de tortue et d'ébeine, profilé de cuivre doré par les costéz, porté sur quatre monstres de cuivre vermeil doré, les quatre coins garnis de cantonnières, de cuivre vermeil doré, percées à jour, à feuillages, masques, cartouches et animaux, le devant des tiroirs de cuivre vermeil doré à figures de bas-reliefs, représentant diverses fables des *Métamorphoses* d'Ovide, enchâssées dans des corniches d'escaille de tortue. »

Qui ne croirait, à lire cette description, qu'on se trouve en face d'un chef-d'œuvre de Boulle ? Mais les dates sont précises. En 1653 André-Charles avait onze ans. Il n'y a donc pas d'erreur, pas de confusion possible ! L'écaille, le cuivre, l'ébène, étaient déjà associés par grandes surfaces alors que notre artiste se trouvait encore sur les bancs de l'école. Il en allait de même pour l'emploi simultané de l'étain et de l'ébène, dont on a fait également honneur à notre grand ébéniste. Cet inventaire du cardinal de Mazarin décrit, en effet, un certain nombre de cabinets « en ébeine profilé d'estain ». Bien mieux, on peut voir au musée de Cluny un bureau qu'on dit provenir du palais du Luxembourg, et avoir appartenu à Marie de Médicis. Or ce bureau présente des marqueteries d'étain du même genre. La question d'invention, ou si l'on aime mieux d'adaptation première, se trouve donc définitivement tranchée.

Fig. 20. — Fragment du bureau de Marie de Médicis.

André-Charles Boulle fut-il, par la suite, le seul ébéniste parisien qui exécuta de ces sortes d'ouvrages ? Assurément non. Lorsque sa personnalité commence à se dégager, lorsque les *Comptes des bâtiments du roi* nous signalent sa présence à Versailles, au Louvre, à Fontainebleau, et nous le montrent occupé, dans ces demeures royales, à des travaux importants de décoration, il n'est pas le seul artiste de sa profession auquel on témoigne à la fois de la confiance et de l'estime. Jean Macé, son prédécesseur dans le logement qu'il occupera au Louvre ; Jacques Sommer (*alias* Zomer), qualifié également ébéniste du roi ; Philippe Poitou, qui exécutait aux Gobelins, sous la direction de Le Brun, des meubles admirables ; Combord, autre ébéniste du roi ; et Pierre Golle, qui fut le collaborateur d'André-Charles Boulle dans l'exécution du cabinet du Grand Dauphin ; tous ces artisans justement réputés pour leur grande habileté étaient employés aux mêmes ouvrages que lui. Enfin, il ne faut pas oublier le célèbre Domenico Cucci, que Louis XIV avait fait venir spécialement d'Italie, sur le bruit de sa réputation, et auquel il avait donné le titre officiel de « menuisier pour le roi en cabinets d'ébeine ».

Quelle fut exactement la part de chacun de ces vaillants et remarquables artistes, dans ces meubles admirables qui nous ont été conservés et qui sont l'ornement du Louvre ; dans ces estrades, ces lambris, ces alcôves splendides aujourd'hui disparus, mais qui firent, pendant près d'un siècle, l'étonnement des étrangers et des personnes admises à visiter les résidences royales? C'est ce qu'on ne saurait dire au juste ; et l'on est amené à se demander si la postérité — cette fois injuste à force d'être généreuse — n'a pas synthétisé un peu arbitrairement en un seul nom, une gloire qui, partagée entre un certain nombre des collaborateurs demeurés obscurs, quoique aussi méritants, aurait pu être plus équitablement répartie.

Mais si André-Charles Boulle ne fut pas l'inventeur du mobilier qui porte son nom, si même de son vivant il n'en monopolisa pas la fabrication, s'il eut des collaborateurs et des émules, il n'en fut pas moins un très grand artiste. De ceci nous avons également des preuves, et qui émanent de gens dont la compétence ne saurait être contestée. Et d'abord voici Colbert qui l'affirme. Le 20 mai 1672, Jean Macé vint à mourir : nous avons dit qu'il occupait un logement privilégié aux Galeries du Louvre, avec le titre d' « ébéniste du roi ». A ce moment Louis XIV était absent de Paris. Il venait d'arriver à l'armée de Flandre, dont il avait pris le commandement. Le 22, le ministre écrit au

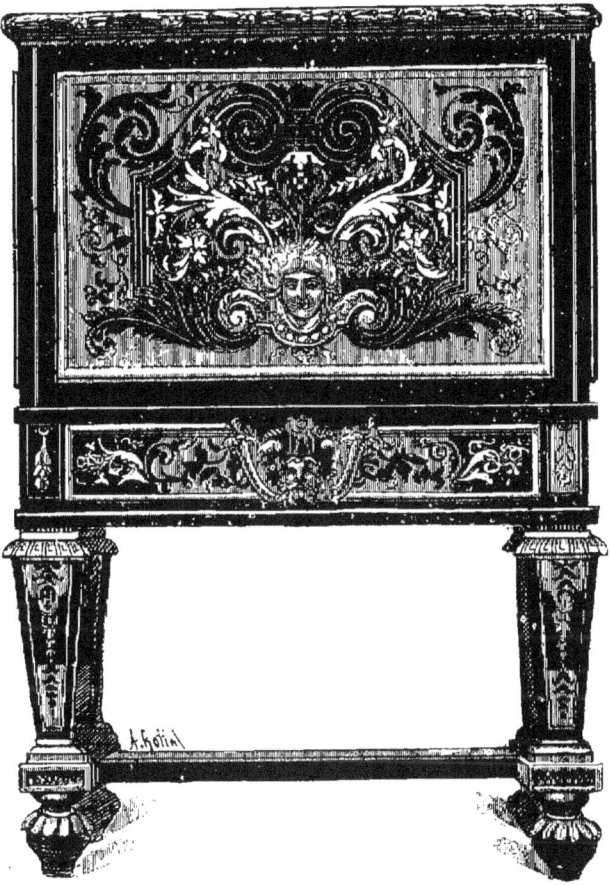

Fig. 21. — Coffret à bijoux, en marqueterie de Boulle.

roi pour lui annoncer ce décès : « Massé (sic), écrit-il, est mort. Il a un fils qui n'est pas habile dans son métier ; le nommé Boulle est le plus habile de Paris. Votre Majesté ordonnera, s'il luy plaît, auquel des deux elle veut donner le logement dans les Galeries. » Et Louis XIV, retournant la lettre à son ministre, écrivait en marge : « Le logement des Galeries au plus habile[1]. »

Ce serait mal connaître l'esprit et les mœurs du temps, que d'oublier l'importance attachée, à cette époque, aux droits créés par l'hérédité, base fondamentale de l'édifice monarchique. Pour que ces droits fussent ainsi violés par le roi lui-même, il fallait que le mérite de Boulle fût bien évident. Il est en outre certain que la possession de ce logement, avec les privilèges y attachés, fut sollicitée par tous les confrères de notre artiste. Pour que leur candidature fût préalablement et brusquement écartée, il était indispensable que l'illustre ministre du Grand Roi fût très persuadé de la supériorité indiscutable de son protégé. Aussitôt après la réception de la réponse royale, le brevet fut expédié, et dans ce brevet, dont le texte a été publié[2], il est fait mention du mérite et de la renommée déjà consacrée du bénéficiaire. « Sachant l'expérience qu'André-Charles Boulle ébéniste, faiseur de marqueterie, doreur et siseleur, s'est acquise dans cette profession et qu'il mérite l'honneur de loger, avec les autres artisans de réputation, dans la Gallerie du château du Louvre destinée à cet effet, Sa Majesté déclare, veut et entend, qu'il soit logé présentement dans l'appartement qu'occupoit en cette Gallerie feu Massé, pour luy en jouir aux honneurs, autoritéz et droits y appartenans, » etc. Sept ans plus tard (29 octobre 1679), une extension de logement ayant été accordée à notre ébéniste, le brevet qui constate cette seconde faveur, parle de nouveau de « l'expérience » dont Boulle « a donné des

---

1. *Correspondance administrative de Louis XIV*, t. VI.
2. Voir, au sujet de ces brevets, *Archives de l'art français; Documents*, t. 1er, p. 222, et *Nouvelles Archives de l'art français*, année 1873, p. 67, 74, 132.

preuves, par les ouvrages qu'il a faits pour le service de Sa Majesté ».

Les talents de notre artiste, officiellement constatés par ce double document, n'étaient au surplus contestés par per-

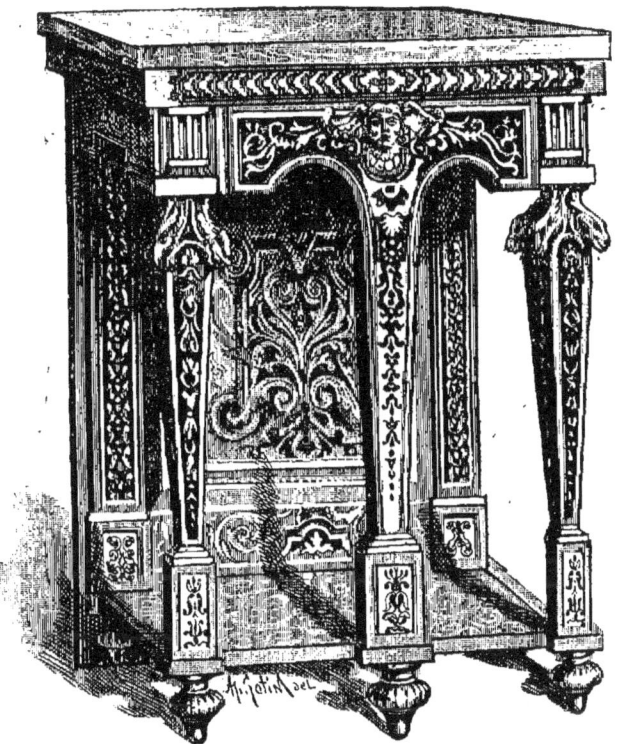

Fig. 22. — Console en marqueterie de Boulle.

sonne. De son vivant même, ceux qui écrivaient sur Paris ne manquaient pas de louer, comme ils le méritaient, les beaux ouvrages sortant de ses ateliers. En 1684, Germain Brice, parlant des artisans illustres qui logeaient aux Galeries du Louvre, disait de lui : « Il fait des ouvrages de marqueterie admirablement travaillés, et que les curieux conservent soigneusement. » Le *Livre commode* de 1691 n'est pas moins élogieux à son égard. Après avoir vanté « les meubles d'orfevrerie fabriquéz avec grande perfection par M. Launay, orfèvre du Roy, devant les galeries du Louvre », Abraham du Pradel ajoute : « M. Boul (*sic*), son voisin, fait des ouvrages de marquetterie d'une beauté singulière. » Lorsqu'il mourut, le *Mercure* lui consacra un article nécrologique, grand et rare honneur pour le temps, article dans lequel il est qualifié « architecte peintre et sculpteur ordinaire du Roy » ; et le *Mercure* ajoute : « Cet illustre artiste, dont le mérite étoit connu en France et dans les pays étrangers, est infiniment regretté par les amateurs de beaux-arts. Il laisse des fils héritiers de ses talents et de son logement au Louvre. » C'était là de la célébrité, presque de la gloire [1].

Et, qui mieux est, cette gloire fut durable. Dans la seconde moitié du xviiie siècle, en effet, bien que la mode eût changé, et que le goût des délicates et fragiles mosaïques de bois eût remplacé celui des fastueuses marqueteries, associant le cuivre à l'écaille, Boulle conserva cette exceptionnelle bonne fortune, que ses beaux meubles ne furent jamais dédaignés des amateurs, et que, traités à l'égal des ouvrages d'art les plus recherchés, ils prirent place dans les cabinets des collectionneurs les plus célèbres. Les auteurs des *Descriptions de Paris,* relativement nombreuses à cette époque, ne manquent jamais de signaler ses travaux à l'admiration des étrangers. Piganiol de la Force cite avec éloge les meubles de sa main qui ornaient le cabinet de M. de Julienne. On y admire surtout, écrit-il, « un grand nombre de tables, cabinets, feux, armoires, etc., de la composition du fameux Boulle, ébéniste ; ses ouvrages, quoique faits il y a plus de

---

1. Germain Brice, *Description de la ville de Paris*, 1684, et *Nouvelle Description*, etc., Paris, 1725, t. Ier, p. 163. — Abraham du Pradel, *le Livre commode* de 1691, et celui de 1692 réédité par Édouard Fournier, t. Ier, p. 285. — *Mercure*, n° de mars 1732, p. 552.

quatre-vingts ans, sont encore très recherchés et préférés à tous ceux de notre siècle dans ce genre, par la beauté et simplicité des formes, jointes au goût exquis des ornemens de bronze doré. » Dargenville constate également que « son

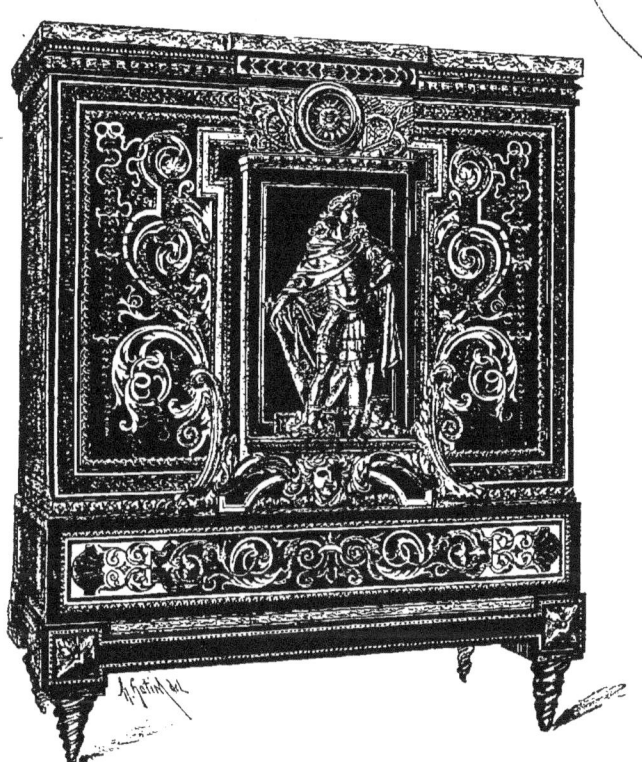

Fig. 23. — Bas d'armoire en marqueterie de Boulle.

mérite est généralement connu », et, à propos de la collection Blondel de Gaigny, il ajoute : « On y voit avec infiniment de plaisir plusieurs commodes, tables et autres beaux ouvrages du fameux Boule. » De son côté, Lazare Duvaux, le marchand le plus achalandé du moment, le fournisseur habituel du roi et de Mme de Pompadour, a bien soin, dans son *Livre-Journal,* de signaler les meubles sortis des ateliers de notre artiste qui passent par son magasin, et qui sont acquis du reste à de gros prix, par les plus distingués amateurs du temps[1].

Les autres marchands de cette époque attestent, au surplus, combien cette estime était générale. Le *Catalogue de la vente* de Julliot, autre commerçant célèbre, mentionne les meubles de Boulle au milieu des « effets les plus précieux ». Un troisième marchand non moins connu et fort réputé lui aussi, Lempereur, dit, en parlant de notre grand artiste, dans la préface de son *Catalogue* : « Son imagination, conduite par le sentiment qu'il avoit des belles formes, lui fit inventer des ouvrages d'un genre neuf et sur lesquels la mode n'a pas encore exercé son caprice. Les meubles que le luxe et l'utilité avoient mis de son temps en usage ont été exécutés par lui sous des formes élégantes, ingénieuses et enrichies d'un travail de marqueterie très recherché, et d'ornemens en bronze doré d'un excellent style. »

Du reste, dans toutes les annonces des grandes ventes de ce temps, on réserve aux meubles qui lui sont attribués une place d'honneur. Les *Catalogues* du marquis de Ménars (1766), de M. de Jullienne (1767), de M. de Lalive de Jully (1770), de Randon de Boisset (1777), de l'orfèvre Dubois (1780), du duc d'Aumont (1782), du chevalier Lambert (1787), etc., montrent assez en quelle considération ses ouvrages étaient tenus. De toutes parts, c'est un concert d'éloges sans exemple. Mariette, dont l'opinion était alors décisive, écrit en parlant de notre grand ébéniste : « Il passa dans tous les temps et chez toutes les nations pour le premier homme de sa profession. Ses meubles, enrichis

---

1. Piganiol de la Force, *Description de Paris*, t. V, p. 236. — Dargenville, *Voyage de Paris*, p. 137 et 430. — *Livre-Journal de Lazare Duvaux*, t. II, p. 170, 176, 184, 340, etc.

de bronzes magnifiques et d'ingénieux ornemens en marqueterie, sont d'un goût exquis, et la mode ne leur a rien fait perdre de leur prix. Ils sont plus recherchés que jamais; on veut les imiter, et on n'en approche point. » Et Mariette ajoute — ce qui n'est pas un éloge indifférent — : « Cet artiste joignait au bon goût la solidité ; ses meubles sont aussy entiers après cent ans de service qu'ils l'étoient lorsqu'ils sont sortis de ses mains. » Enfin, il n'est pas jusqu'à l'expert Le Brun qui ne rende pleine justice à cet artisan incomparable : « Les amateurs, dit-il, savent que leur annoncer des ouvrages de Boulle, c'est leur citer les meubles des plus belles formes et de la plus grande richesse, par les matières précieuses qui les composent, par la perfection des modèles de bronze et la beauté de la dorure. Rien jusqu'à présent n'a remplacé ce genre de meubles ; et ce n'est qu'en s'en rapprochant qu'on obtiendra les suffrages du temps et de la postérité [1]. »

Cette invitation à la copie des meubles de Boulle ne devait pas être perdue. On ne se priva guère, en effet, d'imiter ces belles marqueteries et de s'inspirer des modèles de notre illustre ébéniste. Déjà, à la vente même de Le Brun (avril 1791), on pouvait voir figurer six copies de ce genre, dont trois de *première partie* et les autres de *contre-partie*. Leurs bronzes très importants avaient été fondus d'après les modèles de Foucou, sculpteur du roi, et ciselés par Thomire. On sait que depuis lors ces imitations se sont continuées jusqu'à nos jours, et qu'en notre siècle, elles furent surtout en vogue de 1840 à 1860. Malgré l'imperfection de la main-d'œuvre et l'absence totale de goût, ces contrefaçons — combien vulgaires, hélas ! — n'en constituent pas moins un hommage au génie de Boulle, et attestent

---

1. *Abecedario de P.-J. Mariette*, t. Ier, p. 167. — *Catalogue de la Vente de M. Le Brun*, etc.

la continuité d'admiration que ses beaux ouvrages ont su conquérir.

Il nous reste maintenant à passer la revue, malheureusement bien incomplète, de ces meubles qui avaient porté si haut et fondé d'une façon si durable la réputation de notre artiste. On peut, au surplus, juger par ce qui précède, de l'importance vraiment extraordinaire acquise par Boulle et par son œuvre. C'est un peu en elle que se condense, que se résume la production de l'Ébénisterie au xviie et dans le premier quart du xviiie siècle. On ne nous en voudra donc pas de revenir, et même d'insister sur les particularités curieuses qui marquent la vie de ce grand artiste.

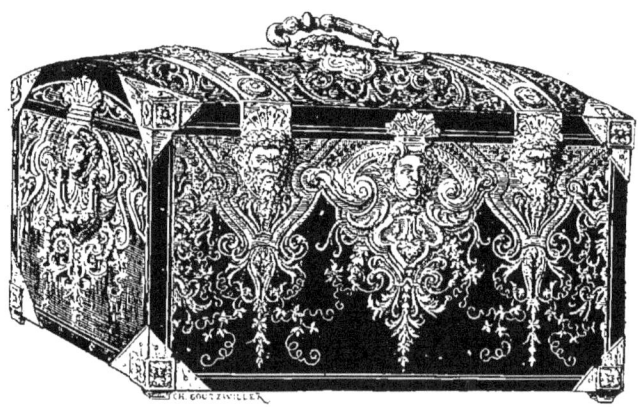

Fig. 24. — Coffret en marqueterie de Boulle

V

LES MEUBLES DE BOULLE (SUITE)

La production d'André-Charles Boulle peut se diviser en deux chapitres distincts : le premier, d'ordre privé, concerne les meubles qu'il exécuta d'une façon courante, pour la clientèle très riche et très aristocratique qui l'honorait de ses commandes. Le second, d'ordre presque officiel, comprend les travaux de tous genres dont il fut chargé par le roi.

C'est en 1672, nous l'avons vu, qu'il obtint de succéder à Macé dans le logement des Galeries du Louvre, et dès cette année nous le trouvons non seulement compris parmi les *officiers qui ont des gages pour servir généralement dans toutes les maisons et bâtiments de Sa Majesté,* mais encore employé à Versailles à de très grands ouvrages.

D'abord, c'est la petite chambre de la reine qu'il décore de lambris marquetés, et il touche de ce chef 3,700 livres. Puis, à partir de 1673, il travaille, pour l'appartement de cette princesse, à une estrade qu'il achève deux ans plus tard, et qui lui est payée 7,954 livres. En 1680, il exécute, pour 8,000 livres, un « cabinet d'orgues de bois de rapport garni d'ornements de bronze, pour estre mis dans les appartemens du chasteau ». Le 28 novembre 1683, il livre, pour l'appartement du Dauphin, deux tables de marqueterie et un pied de cabinet enrichi de cristal de roche. Le 9 janvier 1684, il expédie à Versailles un coffre de marqueterie destiné également à Monseigneur; et, le 11 juin suivant, dix-sept girandoles de bronze doré, exécutées pour la salle de billard du petit appartement du roi. Le 31 décembre de cette même année, il achève le parquet de l'alcôve de la Dauphine. L'année suivante (21 octobre 1685), il est occupé à Fontainebleau, où il travaille à une estrade en marqueterie pour la reine. Enfin, il touche, le 17 novembre 1686, une première somme de 9,102 livres 8 sols « à compte du parquet de marqueterie d'escaille et de cuivre, qu'il a faict pour le Cabinet des bijoux de Monseigneur », — ouvrage capital, dont nous allons parler bientôt, et dont la dépense ne devait pas s'élever à moins de 94,424 livres 5 sols [1].

On voit, par ces quelques mentions, que la famille royale ne se faisait point faute de mettre à large contribution le beau talent de notre artiste, sans compter qu'entre temps il livrait à Versailles, à Trianon, à Marly, à Fontainebleau et aux Tuileries, une quantité de meubles de prix, dont quelques-uns ornent aujourd'hui la Galerie d'Apollon. Si ces meubles ne sont pas mentionnés dans les *Comptes des bâtiments,* on en peut cependant retrouver la trace dans la correspondance ministérielle, et dans les inventaires de l'époque. A Versailles, notamment, on admirait des bureaux de sa façon dans la chambre du roi, dans celle de Mme de Maintenon, ainsi que chez le duc d'Orléans et la duchesse sa femme. Il exécuta en outre, pour la galerie de Saint-Cloud, un nombre considérable de cabinets destinés à garnir les entre-fenêtres; mais l'ouvrage qui lui fit le plus d'honneur, et qui porta sa réputation au plus haut point, ce fut le lambris marqueté dont il enrichit le Cabinet des bijoux du Dauphin.

Cet ouvrage exceptionnel fut, en effet, considéré pendant longtemps comme une des merveilles de Versailles. Tous les étrangers de marque, princes, ambassadeurs, sol-

---

1. Voir Jules Guiffrey, *Comptes des bâtiments du roi sous le règne de Louis XIV*, t. Ier, col. 631, 701, 840, 1124, 1321; t. II, col. 119, 253, 350, 391, 466, 473, 567, 632, 730, 763, 829, 891, 968, 1117; et t. III, 712, etc.

licitaient l'honneur de le visiter. On pouvait croire alors qu'un ensemble si magnifique serait conservé avec le plus grand soin. Il n'en fut rien, et ce beau lambris, non pas unique en son genre, — car Domenico Cucci en exécuta un de même nature, pour la galerie du petit appartement du roi

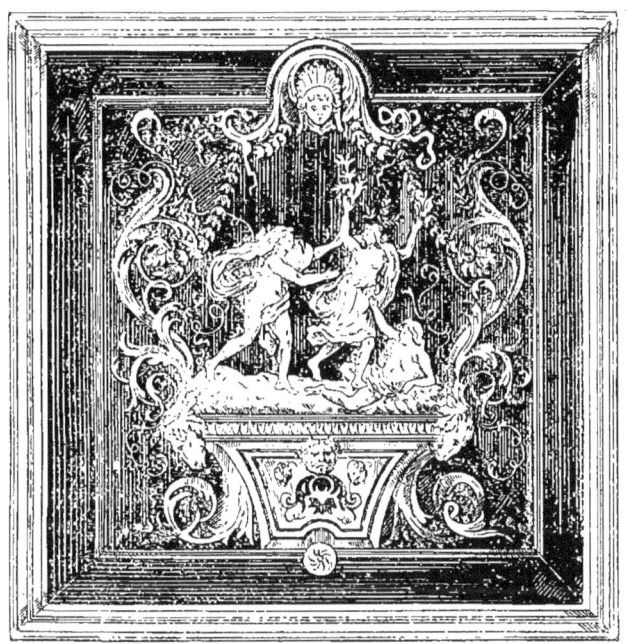

Fig. 25. — Panneau en marqueterie, avec bas-relief en bronze doré.

à Versailles, lequel lui fut payé 56,554 liv. 12 s. 4 d.[1], — mais que tout le monde considérait comme le chef-d'œuvre de l'ébénisterie et de la marqueterie, subit les vicissitudes les plus douloureuses.

Jusqu'à son mariage avec Marie-Anne-Christine de Bavière (7 mars 1680), le Dauphin n'avait point eu à Versailles

1. *Comptes des bâtiments*, t. III, col. 712.

d'appartement, au sens officiel du mot. L'*Explication historique de ce qu'il y a de plus remarquable dans la maison royale de Versailles,* imprimée en cette année même, et publiée par ordre royal en 1681, décrit les appartements du roi, de la reine, du duc et de la duchesse d'Orléans, et ne mentionne pas celui de Monseigneur. Ce prince, désireux de ne point paraître inférieur, en luxe et en magnificence, à ses augustes parents, donna, aussitôt après son mariage, ses soins à l'ameublement de son appartement particulier; et la décoration de son Cabinet des bijoux, dans lequel il devait enfermer et exposer ses collections de gemmes, d'orfèvreries précieuses et de cristaux, fut, nous l'avons dit, confiée à André-Charles Boulle. Celui-ci se mit de suite à l'œuvre, et son travail fut achevé au cours de 1683.

Ce ne fut alors qu'un cri d'admiration. Cet ensemble magnifique attirait, par sa perfection, les éloges les plus mérités à son illustre possesseur; si bien que Louis XIV prit ombrage de ces louanges. Son amour-propre exagéré s'alarma de cet excès de splendeur; et le Dauphin reçut assez brusquement l'ordre de transporter son appartement à l'étage inférieur. Ainsi, moins d'un an après leur mise en place, ces superbes marqueteries étaient démontées, déposées, remaniées et adaptées à un autre cabinet de dimensions différentes. Dates à retenir! Le 14 mars 1683, Pierre Gole, chargé de « l'exécution du parquet marqueté pour l'entresol du cabinet de Monseigneur le Dauphin au château de Versailles », achevait de toucher la somme de 9,890 livres qui lui était allouée pour ses fournitures; et le 14 juin 1684, le Dauphin, qui avait pris médecine le matin et qui, l'après-midi, s'était promené au frais sur la terrasse, devant son appartement, « régla avec M. de Louvois tout ce qu'il falloit pour transporter en bas son cabinet de marqueterie et de glaces[1] ».

---

1. Dangeau, *Journal*, t. 1er, p. 27.

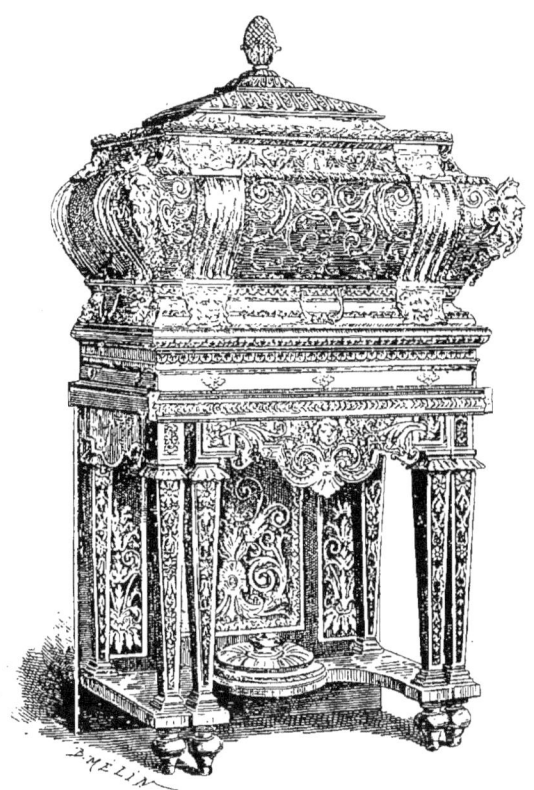

Fig. 26. — Coffret de mariage du Dauphin, exécuté par Boulle.

Ce cabinet, dans son nouvel emplacement, donnait sur la Galerie Basse, celle qu'on nomme aujourd'hui la Galerie Louis XIII. Louvois, qui, à la mort de Colbert, s'était fait attribuer la place de Surintendant des Bâtiments, exercée antérieurement par son collègue et rival, avait tenu à surveiller lui-même ce transfert[1]. Quoique ce sévère et peu

---

1. Voir dans le *Moniteur* du 11 janvier 1855, un article de M. Paul Boiteau intitulé *les Autographes de Louis XIV*, et qui contient plusieurs lettres de Louvois relatives à cette opération.

sympathique ministre ait laissé une médiocre réputation de goût et de sens artistique, l'adaptation fut cependant assez habilement conduite, pour que ces belles boiseries continuassent de faire l'admiration des visiteurs. Mais lorsque le Dauphin mourut, ses collections furent dispersées, et son appartement, remanié de nouveau, fut transformé pour servir à un autre Dauphin. Les marqueteries de Boulle, à ce moment, nécessitaient d'assez coûteuses réparations. Elles s'étaient mal conservées; l'humidité du rez-de-chaussée avait accompli son œuvre. Dès 1687, Boulle avait été obligé de procéder « au rétablissement et poliment des parquets de marquetterie qui avoient joué ». Le goût, au surplus, avait changé, et la capricieuse duchesse de Bourgogne, devenue Dauphine, n'était point femme à se passionner pour des vieilleries. Le cabinet fut fermé et cessa d'être habité. Le mal s'aggrava. On estima qu'il serait trop dispendieux de remettre en état ces beaux ouvrages, dont l'aspect un peu sombre et sévère tranchait trop avec les boiseries blanc et or, adoptées par la mode et qui faisaient fureur. On jugea donc à la fois plus économique et plus simple, de les déposer une seconde fois, et de les transporter au garde-meuble, où ils achevèrent de se détériorer tout à leur aise.

C'est là assurément un deuil cruel, un malheur irréparable pour l'histoire de nos arts décoratifs! Nous n'aurions, en effet, aucune idée plastique de ce merveilleux ensemble, sans un tableau que possédait le baron Pichon, et qui, malgré sa qualité médiocre et sa conservation imparfaite, nous montre cependant ses principales dispositions. Ajoutons que cette image insuffisante a besoin d'être complétée par la description assez précise que nous a laissée Félibien : « Ce cabinet, écrit-il, a de tous côtés et dans le plafond, des glaces de miroirs, avec des compartiments de bordures dorées sur un fond de marqueterie d'ébène; le parquet est aussi fait de bois de rapport et embelli de divers ornemens, entre autres des chiffres de Monseigneur et de

Mme la Dauphine ; » et Piganiol ajoute : « C'est le chef-d'œuvre de Boule et de son art. »

La Cour et la Ville, dont l'admiration avait devancé celle de Piganiol, ne manquèrent pas, elles non plus, d'occuper les multiples talents de notre artiste. Pendant plus d'un demi-siècle, Versailles, Paris, la province et l'étranger lui prodiguèrent les commandes et célébrèrent ses mérites. Ses beaux ouvrages traversèrent les mers, offerts par le Roi Soleil à son collègue le roi de Siam. La correspondance du duc d'Antin[1] prouve, du reste, que Louis XIV lui conserva sa bienveillance jusqu'à la fin, et les plus grands seigneurs comme les plus riches financiers suivirent en cela l'exemple d'en haut. Fournisseur de Crozat, Boulle eut même quelques procès avec lui; et pour Samuel Bernard il exécuta un bureau de 50,000 livres. On peut voir encore,

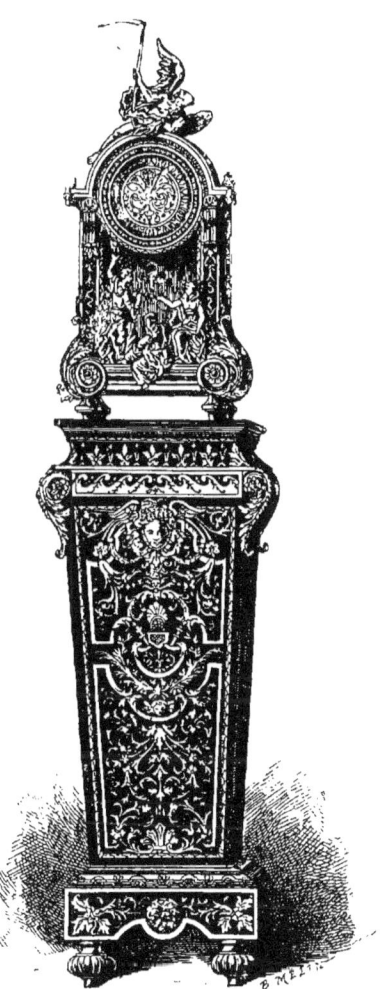

Fig. 27. — Pendule avec son socle, marqueterie de Boulle.

---

1. J. Guiffrey, *le Duc d'Antin et Louis XIV*, p. 18.

à l'Imprimerie Nationale, une horloge-régulateur dont il confectionna la gaine pour le prince de Rohan. Lui-même nous apprend qu'il avait reçu du duc de Bourbon la commande d'un bureau de six pieds de long, d'un gradin avec sa pendule, et de trois armoires. Les portefeuilles de l'architecte Robert de Cotte, conservés au *Cabinet des Estampes,* nous révèlent qu'il fut chargé de la fourniture d'un certain nombre de meubles de grand prix, pour des princes étrangers, notamment pour le roi d'Espagne et l'électeur de Cologne. Nous savons par le *Mercure* que les princes de Bavière, lorsqu'ils vinrent à Paris, visitèrent ses ateliers. Enfin l'inventaire dressé par lui-même, après l'incendie qui en 1720 dévora ses magasins, porte qu'au moment où le feu prit chez lui, il avait en réserve douze bureaux de six pieds de long, — quinze armoires de huit à neuf pieds de haut, — cinq serre-papiers de six pieds de haut, sur quatre de large, — vingt cabinets, genre ancien, en ébène et pierre de Florence, — dix commodes de différentes grandeurs et de divers modèles, — dix-huit guéridons de marqueterie, garnis de bronzes, — douze tables de quatre pieds de long, etc., etc. Ces chiffres montrent assez que l'industrie de notre vaillant artiste était des plus prospères. Le total des pertes qu'il accuse, du reste, comme ayant été occasionnées par le feu, ne s'élève pas à moins de 370,770 livres. Il est vrai que, dans ce total, ses collections de tableaux et d'œuvres d'art sont estimées à 208,750 livres. Car ce grand artisan d'art était aussi un grand collectionneur.

« L'incendie, écrit Mariette[1], fit de terribles ravages. On ne put presque rien sauver en comparaison de ce qui périt, et cependant ce qui fut soustrait étoit prodigieux. On en fit une vente publique, qui dura longtemps et où furent exposés les tristes restes d'une des plus belles collections qui aient été faites. » Mariette va plus loin. Il attribue à

---

1. *Abecedario*, t. Ier, p. 167.

cette passion de Boulle pour les dessins, gravures et peintures, les embarras d'argent qui rendirent si pénible la seconde partie de la vie de notre célèbre ébéniste. « Cet homme qui a travaillé prodigieusement, écrit-il, et, pendant le cours d'une longue vie, qui a servy des roys et des hommes riches, est pourtant mort assez mal dans ses affaires. C'est qu'on ne faisoit aucune vente d'estampes, de dessins, etc., où il ne fût et où il n'achetât, souvent sans avoir de quoi payer ; il falloit emprunter, presque toujours à gros intérêt. Une nouvelle vente arrivoit, nouvelle occasion pour recourir aux expédients. Le cabinet devenoit nombreux, les dettes encore davantage, et pendant ce temps le travail languissoit. C'étoit une manie dont il ne fut pas possible de le guérir. »

Nous avons démontré autre part[1] que le désordre et l'imprévoyance apportés par Boulle dans la formation de ses collections, se retrouvaient dans les opérations de son commerce, et avaient aidé, là encore, singulièrement à sa ruine. L'in-

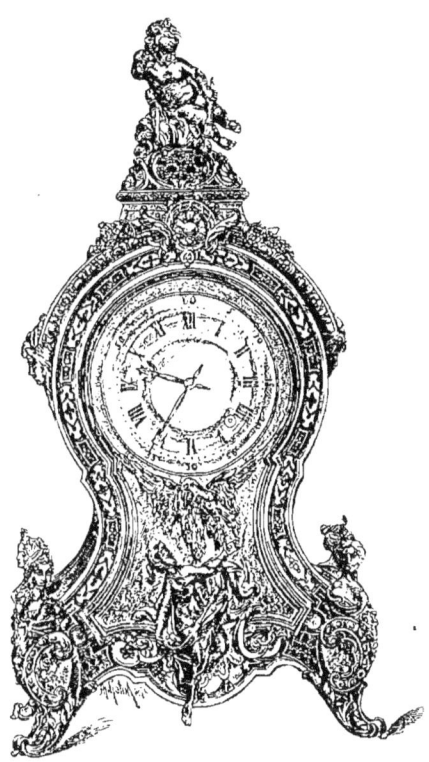

Fig. 28. — Pendule en marqueterie de Boulle.

1. Voir notre monographie sur *les Boulle*, Librairie de l'*Art*.

cendie de 1720 qui dévasta ses ateliers, son logement et la galerie où se trouvaient ses collections, acheva de précipiter le désastre. Les dernières années de sa vie furent gâtées par de ridicules ou douloureux procès, qui ne préviennent nullement en faveur de la rectitude de sa vie et de ses bonnes habitudes commerciales. Mais ce n'est point ici le lieu de nous appesantir sur les incidents de son existence privée. Ses œuvres seules doivent nous retenir, et celles-ci sont tout à son honneur.

Il ne faudrait pas, toutefois, déduire des éloges prodigués à Boulle, que le mobilier triomphant de splendeur qui porte son nom soit exempt de défauts et qu'il échappe à toute critique. Pour répondre au besoin de magnificence qui caractérisait son époque et le Grand Roi dans lequel elle trouvait sa vivante incarnation, notre artiste fut presque fatalement amené à sacrifier à la somptuosité l'agrément et la logique.

Sans vouloir prétendre que l'abus des frontons, des colonnes, des niches et des entablements, qui transformaient les meubles de la Renaissance en de véritables petits édifices, et donnaient à l'architecture le pas sur le mobilier, constitue la perfection idéale; encore, dans tout travail de menuiserie, la construction rationnelle doit-elle, autant que possible, demeurer évidente. Dans ce nouveau mobilier surprenant de richesse, une ossature savamment assemblée continua bien d'assurer la solidité, — condition essentielle, — mais cette charpente ne fournit plus le point de départ, les premiers éléments de la décoration. Celle-ci devint indépendante, sinon de la forme générale du meuble, du moins de ses divisions caractéristiques. Pour faciliter le développement de ce beau décor, si riche, si somptueux, on renonça aux saillies des montants et des traverses qui, tout en formant des encadrements agréables, expliquent la structure du meuble; et les panneaux, occupant ainsi toute

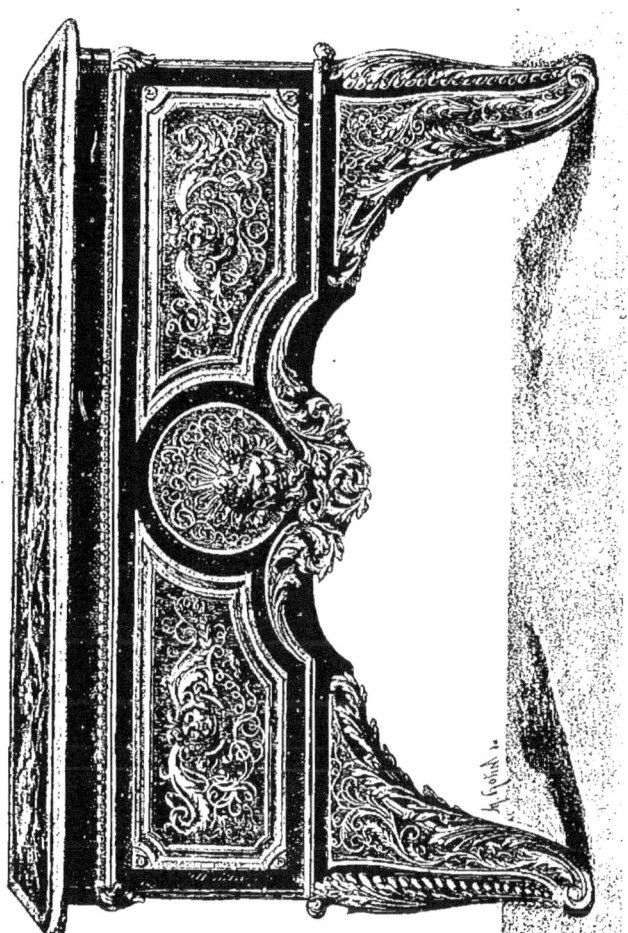

Fig. 29. — Commode en forme de tombeau, marqueterie de Boulle.

la façade, ne présentèrent plus que des surfaces planes et unies. L'ornementation, dont le rôle devrait être d'accompagner la forme et non de se substituer à elle, commença d'établir sa complète domination. Les cabinets et les bas d'armoire, avec leurs portes dissimulées, ressemblèrent à des coffres pleins et sans ouvertures. On fit des commodes en manière de tombeaux; et cette tendance à subordonner au décor les dispositions fondamentales des meubles, alla en s'aggravant sous le règne suivant, au point que, sous la pression de la mode, les contours finirent par se boursoufler et par se gondoler d'une façon certainement amusante, mais singulièrement illogique.

Ainsi, sous l'empire de ces préoccupations de somptuosité, une transformation dangereuse s'était produite dans l'ameublement français. La magnificence, dont l'excès dans les arts est toujours dangereux, avait pris le pas sur la saine raison. Les ouvrages d'ébénisterie, en perdant leur aspect rationnel, perdirent aussi leur caractère pratique; et c'est là ce qui fait de l'œuvre de Boulle un œuvre incomplet. Le mobilier auquel il a légué son nom demeure uniquement un mobilier d'apparat. Il porte en soi une solennité exclusive de toute intimité; et l'éclat même de sa décoration interdit la possibilité, aussi bien que la pensée, de faire de ces meubles admirables un régulier et constant usage.

C'est le propre du génie, de masquer les défauts essentiels de ses ouvrages ou de les faire oublier. Il ne faut donc pas s'étonner que les contemporains de Boulle n'aient pas songé à lui marchander leurs hommages, et n'aient pas paru s'apercevoir du côté peu pratique de ses créations. Mais par la suite, quand des imitateurs maladroits prétendirent mettre ses principes en application et suivre ses exemples, les défectuosités que nous venons de signaler devinrent si évidentes, que les gens de goût répudièrent toujours cette parodie grossière d'un style, où l'amour exagéré de la splendeur avait triomphé de la raison.

VI

L'ÉBÉNISTERIE AU XVIIIᵉ SIÈCLE

La grande supériorité des meubles exécutés par André-Charles Boulle sur ceux du même genre que produisirent ses concurrents les mieux inspirés et les mieux outillés, ne provient pas seulement de la richesse de leur décoration, et de la façon irréprochable dont les parties d'ébénisterie étaient traitées par ce grand artiste. Elle résulte encore de la parfaite unité de conception et d'exécution qui les distingue.

Savary des Bruslons, si bien renseigné sur les industries de son temps, nous apprend que les ébénistes, au XVIIᵉ et au XVIIIᵉ siècle, posaient sur leurs meubles les bronzes qui devaient les orner, — et l'on sait si dans les ouvrages de Boulle, ils jouent un rôle considérable ; — « mais, dit-il, ce sont les fondeurs ou sculpteurs qui les jettent en moule et qui les réparent, et les doreurs sur métal qui les dorent soit d'or en feuille, soit d'or moulu[1]. » Ces détails ont une importance capitale. Ils nous expliquent comment, par suite d'une collaboration rendue obligatoire par les Statuts des diverses corporations, les ébénistes se trouvaient alors forcés de se conformer à des exigences étrangères à leur profession. Ils nous font comprendre pourquoi des meubles sortis de divers ateliers présentent trop souvent, avec une incohérence relative, un air de famille. La plupart du temps, ce n'était pas le fondeur qui obéissait à l'inspiration directe de l'ébéniste, mais celui-ci qui était obligé de tenir compte des modèles qu'on pouvait mettre à sa dispo-

---

1. *Dictionnaire de Commerce.*

sition. Si bien que, le même fondeur fournissant les mêmes modèles à divers ébénistes concurrents, ceux-ci étaient fatalement conduits à adopter des formes analogues, sinon identiques, pour bien faire valoir les bronzes qui leur étaient livrés.

André-Charles Boulle logé au Louvre, dans une résidence royale à la porte de laquelle expiraient les privilèges des corporations, échappait à ces exigences abusives. C'est en partie dans cette situation exceptionnelle qu'il faut chercher le secret de sa grande supériorité. Dessinateur, sculpteur, fondeur et ciseleur, il pouvait exécuter lui-même ses modèles, et les faire traduire sous ses yeux. De là cette parfaite unité de ses ouvrages, et aussi celle des beaux meubles exécutés par Domenico Cucci et par Philippe Caffieri, qui, logés tous deux aux Gobelins, jouissaient des mêmes prérogatives.

Nous avons parlé déjà de Cucci. Comme lui, Caffieri était d'origine étrangère. Napolitain de naissance, il avait été appelé en France par Mazarin, et, en 1665, il reçut ses lettres de grande naturalisation. A la constitution de la *Manufacture royale des meubles de la Couronne,* il fut appelé, par Colbert, à faire partie de cet établissement. Il travailla également pour les palais royaux; et si nous ne connaissons qu'un petit nombre d'ouvrages de sa main, c'est sans doute que la paternité des autres a été attribuée à Boulle. En tout cas, son très remarquable talent de sculpteur, talent qu'il transmit à ses fils, lui permit de réaliser des meubles d'autant plus parfaits, qu'à cette époque les modèles des bronzes d'ameublement étaient le plus souvent exécutés en bois. Il contribua ainsi à généraliser l'emploi, dans le mobilier, des grandes parties de bronze doré, bas-reliefs, appliques, chutes, guirlandes, médaillons, rinceaux, frises, pieds, poignées et entrées de serrures, — ornements d'une richesse jusque-là sans exemple, et qui, en ouvrant des voies nouvelles à toute une classe d'artistes, dont le goût n'a pas été surpassé, augmentèrent singulièrement la somptuosité de ces meubles splendides.

Il est à remarquer, en effet, que le xviii° siècle, plus aimable, plus galant surtout, mais moins solennel que son aîné, continua à faire un grand usage de ces beaux bronzes, même quand il eut substitué aux magnificences de l'ébène

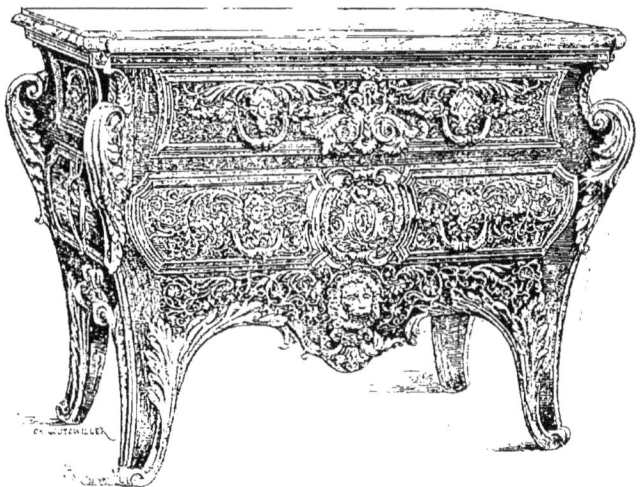

Fig. 30. — Commode en marqueterie rehaussée de bronzes dorés, exécutée par Cressent.

et de l'écaille associées à l'étain et au cuivre, les harmonies plus douces, plus intimes, de ses marqueteries de bois étrangers. Cette dernière transformation s'effectua sous la Régence. Il est probable qu'André-Charles Boulle lui-même y prêta les mains; car son « règne » fut long, et quand il mourut, à quatre-vingt-douze ans, le Grand Roi avait déjà depuis sept ans renoncé pour toujours aux pompes de ce monde. Ce qui, du reste, prouverait qu'aux derniers temps de sa vie Boulle pratiquait ce nouveau genre de

marqueterie, c'est que son *Inventaire* de 1720 mentionne
« cinq caisses remplies de différentes fleurs, oyseaux, animaux, feuillages et ornemens, de toutes sortes de bois naturels »... et « douze caisses de toutes sortes de bois de couleur, rares, servant aux ouvrages de pièces de rapport[1] ».

Il est probable que ses émules, les ébénistes Denis Lochon, Jean Oppenord, Gauderon, de Mouchy, Le Febvre, etc., ou du moins ceux d'entre eux qui survécurent au Grand Règne[2], se conformèrent à la mode et suivirent son exemple. Ajoutons qu'à partir de 1715, ce fut Cressent, élève de Boulle du reste, et comme lui dessinateur habile et grand collectionneur, qui, ébéniste du duc d'Orléans devenu régent du royaume, donna le ton et conquit la vogue.

Cressent renonça définitivement à la marqueterie d'ébène incrustée de cuivre et d'étain, que son maître avait mise si fort en honneur. Dans ses ouvrages, les bois exotiques, l'amarante, le bois de rose, le bois de violette, vinrent unir leurs nuances discrètes en des mosaïques délicates. Bientôt, les nouvelles découvertes géographiques, jointes à une meilleure exploitation des richesses exotiques, augmentèrent singulièrement les ressources des ébénistes et des marqueteurs. Dès 1750, ceux-ci avaient à leur disposition près de cent sortes de bois de couleur, tirés pour la plu-

---

1. *Archives de l'art français*.
2. Le commerce des meubles en ébénisterie paraît avoir été considérable sous Louis XIV. Le *Livre commode* de 1692 (t. Ier, p. 285) en parle comme suit : « Messieurs Cussy aux Gobelins, Boulle aux galeries du Louvre, Le Febvre, rue Saint-Denis au chesne vert, etc., travaillent par excellence aux meubles et autres ouvrages de marquetterie... Les cabinets, bureaux, bibliotèques et autres meubles de placages sont fabriquez et vendus au faux-bourg Saint-Antoine, à la porte Saint-Victor, rue Neuve Saint-Méderic, rue Grenier Saint-Lazare, rue du Mail, etc. — Il y a sur la Ville-Neuve un très grand nombre de menuisiers qui travaillent a toutes sortes de meubles. » Cette Ville-Neuve, c'était la butte Bonne-Nouvelle, avec les rues de Bourbon-Villeneuve, d'Aboukir, de Cléry, où l'on trouve encore des fabricants et marchands de meubles.

part d'Afrique, d'Asie et d'Amérique, auxquelles le mérite de la nouveauté et le prestige de leur exotisme valurent une faveur spéciale. Nos essences indigènes se virent du coup dédaignées, mais non à cause de leur manque de qualités, car on aurait pu dire d'elles ce que Robert de Berquen disait de certaines pierres précieuses : « Tout le désavantage qu'elles ont, c'est qu'elles croissent chez nous ; parce

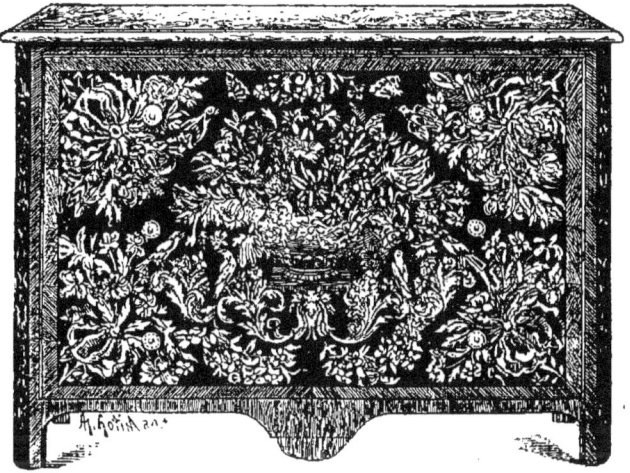

Fig. 31. — Commode en marqueterie de bois de rapport.

que si elles venoient de loing, nous en ferions un cas extraordinaire [1]. » Parmi ces bois exotiques, objets d'une préférence trop exclusive, il s'en trouvait qu'on vendait jusqu'à 36 francs le kilogramme, débités en placages de onze feuilles au pouce. C'est à confectionner des meubles habillés en marqueteries exécutées avec les plus coûteux de ces bois, qu'on s'appliqua désormais ; et il faut rendre cette justice aux contemporains de Cressent, qu'ils en surent tirer un parti remarquable.

1. *Les Merveilles des Indes orientales et occidentales*, Paris, 1669, p. 53.

La difficulté était grande, toutefois, car les formes qui s'arrondirent, les contours qui se renflèrent, rendirent ces applications de mosaïques singulièrement malaisées. Ce fut le moment, en effet, où les commodes, les lits, les armoires, adoptèrent cet aspect ondoyant et baroque qui est demeuré comme la marque, l'estampille de cette époque charmante et dissolue. Ce style nouveau parut si ravissant dans son illogisme, que l'Europe entière se laissa gagner par son charme. Paris devint le foyer inspirateur où le monde entier s'en fut chercher des modèles d'élégance et des leçons de goût. Aussi lorsque, en 1756, Cressent, accablé par l'âge et les infirmités, — il était devenu presque aveugle, — dut abandonner ses ateliers et ses magasins de la rue Notre-Dame-des-Victoires, il pouvait accepter comme successeur, dans son titre de premier ébéniste parisien, un étranger de grand mérite, sans que rien fût changé aux traditions qu'il avait établies. Cet étranger, en effet, pourra mettre au service de son art cette main-d'œuvre patiente et soigneuse dont l'Allemagne et les Pays-Bas avaient conservé la tradition; l'inspiration, jusqu'à la fin, demeurera essentiellement française, et le goût dirigeant la production, exclusivement parisien.

Jean-François Oeben, à qui nous faisons allusion ici, qualifié, à partir de 1754, du titre d' « ébéniste du Roy », logé à la manufacture des Gobelins, puis, en 1660, à l'Arsenal dans la cour du Grand Maître, fournisseur préféré de Mme de Pompadour, était, comme son nom l'indique, d'origine flamande ou hollandaise. Mais, avant d'être le collaborateur de Cressent, il avait travaillé dans les ateliers de Boulle, où il s'était perfectionné dans son métier, en compagnie d'Ulrich Cemelmer, de Leo Veneman, de Zacharie Strague, de Leo Rhindorff, nés comme lui de l'autre côté de la frontière flamande. Roger van der Cruse, son beau-frère, ébéniste comme lui, était son compatriote; et le fameux

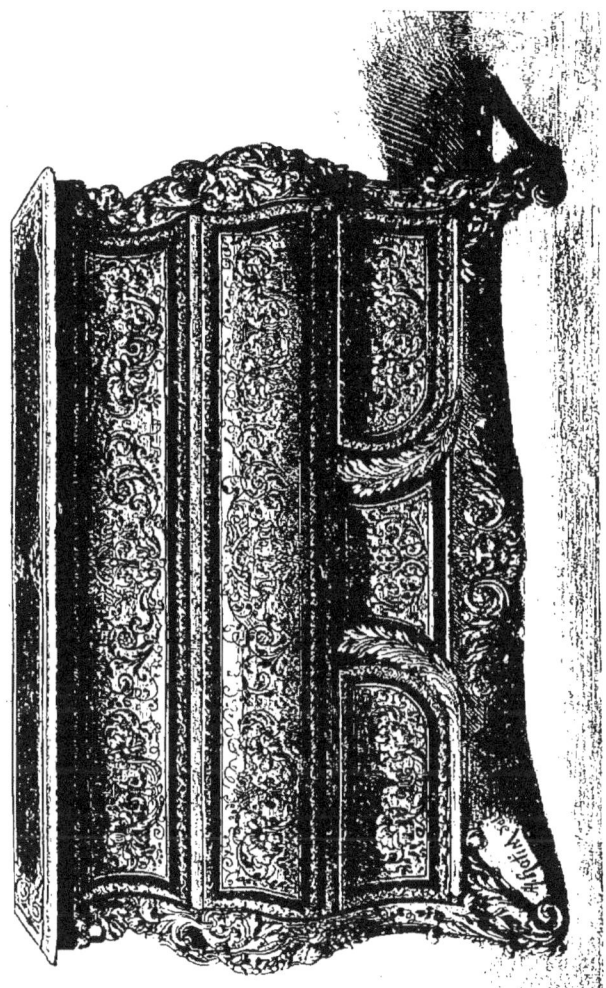

Fig. 32. — Commode en marqueterie d'étain et d'ébène (contre-partie) exécutée par Cressent.

Riesener, son contremaître, qui, en 1767, après la mort d'Oeben, devait épouser sa veuve, Françoise-Marguerite van der Cruse, et lui succéder dans la faveur de sa haute clientèle, était assez vraisemblablement Allemand de naissance.

Le nombre des ébénistes remarquables, aux noms allemands, hollandais ou flamands, qui exerçaient alors à Paris leur artistique industrie, était relativement considérable. On peut citer entre autres : Reuse, Schmidt, Schneider, Hoffmann, Cramer, qui travaillèrent pour les Maisons Royales et les Menus Plaisirs; Evald, Roentgen, Beneman, Schwerdfegher, qui furent les fournisseurs de Marie-Antoinette, avant et après son avènement au trône. Néanmoins, le mobilier produit par cette armée cosmopolite est sans équivalent hors de notre pays. Par la pureté de son style, par l'élégance et le fini de la fabrication, il reste absolument parisien. Ajoutons que cette transfusion d'Idéal et cette transmission de perfection dans la pratique, paraîtront moins extraordinaires, si l'on veut bien remarquer que les inspirateurs et les collaborateurs de ces artisans d'élite étaient presque tous Français.

C'est ainsi, pour citer un exemple capital, que l'admirable bureau de Louis XV exposé aujourd'hui au Louvre, s'il est pour l'ébénisterie l'œuvre commune de Oeben et de Riesener, est, pour les bronzes, celle de Duplessis et d'Hervieux. En outre, dans la conception première de ces grands ouvrages, — au XVIIIe siècle aussi bien qu'au XVIIe, — les dessins et projets étaient presque toujours tracés par un artiste spécial, dessinateur ou architecte, qui bien Français, lui, de naissance et de talent, savait raccorder les qualités des exécutants aux formes et à l'ornementation de son pays et de son époque. De même qu'il est facile de retrouver l'influence directe de Berain dans un grand nombre de meubles sortis des ateliers de Boulle, de même l'inspiration des Ranson, des Boucher fils, des La Londe, des Cuvilliés,

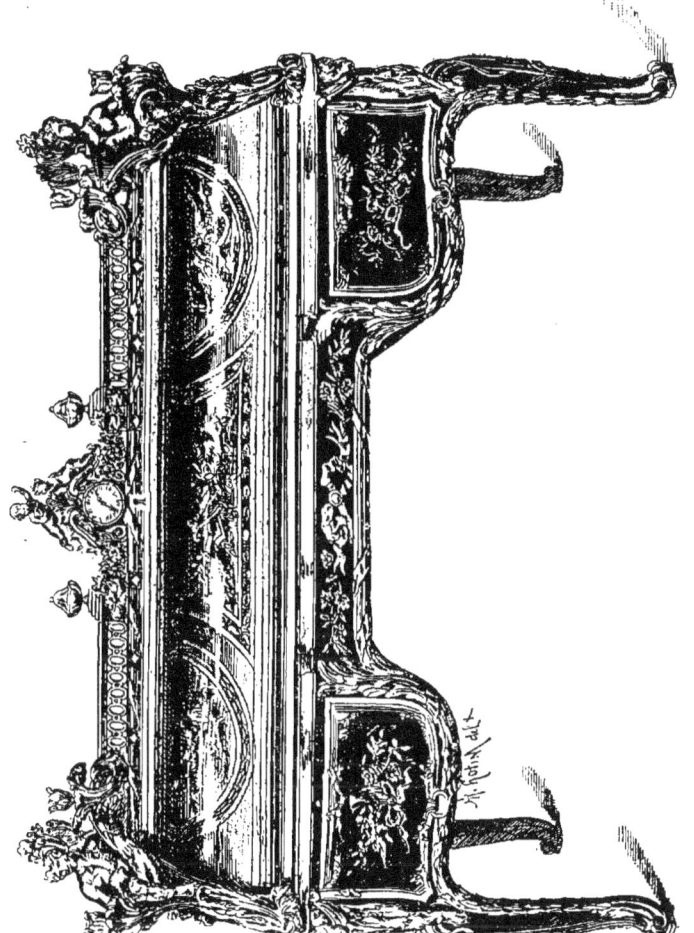

Fig. 33. — Grand bureau exécuté pour le roi Louis XV par Oeben, Riesener, Hervieux et Duplessis.
(MUSÉE DU LOUVRE.)

des Delafosse, etc., est très visible dans les productions des ébénistes étrangers dont nous venons de tracer les noms.

Lorsque Beneman, cet émule de Riesener comme talent, et son compatriote, exécutera, pour Saint-Cloud, que Marie-Antoinette encore Dauphine fait remeubler à neuf, ces jolis meubles qui nous ont été heureusement conservés, Dugourc, dessinateur du Mobilier de la Couronne, sera chargé d'en fournir le plan, la coupe et l'élévation.

C'est à cette haute direction qu'il faut attribuer l'élégance parfaite et le goût exquis des beaux meubles de cette fin de l'Ancien Régime. Dès que le dessinateur cessait d'intervenir, l'ouvrage perdait de son élégance et de sa distinction. Marie-Antoinette, devenue souveraine, et trop confiante dans son goût personnel aussi bien que dans l'habileté de ses compatriotes, demanda à certains d'entre eux, à David Roentgen notamment et à Schwerdfegher, quelques morceaux de leur cru, et l'on vit de suite les formes abdiquer leur grâce et la décoration s'alourdir. On peut citer comme exemple le fameux serre-bijoux exécuté par Schwerdfegher pour la reine. La richesse des matériaux employés, le précieux des bronzes, le fini des peintures ne masquent pas suffisamment la pesanteur des lignes, la sécheresse du dessin; et ce morceau, si remarquable comme exécution, est loin comme conception d'être un chef-d'œuvre.

Mais la présence de ces nombreux étrangers à Paris ne doit pas nous faire oublier nos compatriotes, les ébénistes Saunier, Poirier, Duperron, Mairet, Favillot, Dautriche, les deux Gaudreau (François-Joseph et Robert), Carlin, Boulard, Lenoir, Brizard père, Dupain, etc., qui travaillèrent pour les palais royaux, les Menus Plaisirs ou le Mobilier de la Couronne. Il serait également injuste d'omettre les noms des marqueteurs Leleu et Bayer, fort appréciés de leur temps; de Jaubert, qui inventa une foule de petits meubles gracieux, et de quantité d'autres artistes de premier ordre, comme Levasseur, Dessier, Lebesgue, qui con-

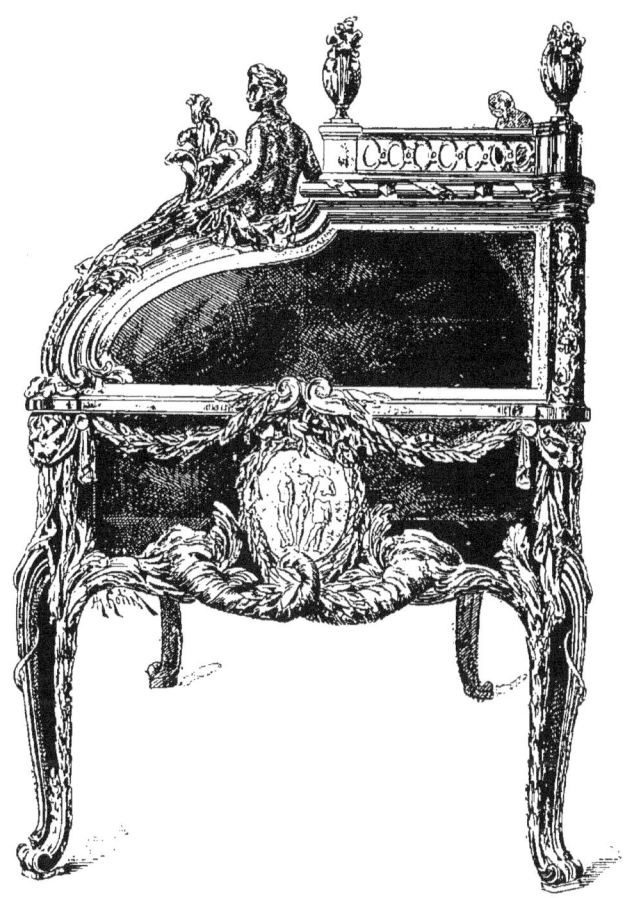

Fig. 34. — Grand bureau exécuté pour Louis XV.

tinuèrent d'embellir les meubles à panneaux de délicates mosaïques de bois, jusqu'au jour où le placage de l'acajou par grandes surfaces produisit, dans l'ébénisterie européenne, une révolution regrettable à plus d'un égard.

VII

INVASION DE L'ACAJOU. — L'ÉBÉNISTERIE SOUS L'EMPIRE,
LA RESTAURATION ET LE RÈGNE DE LOUIS-PHILIPPE

Ce fut vers le milieu du siècle dernier, que l'acajou, introduit en France par masses, commença à prendre dans le mobilier cette importance si considérable, exagérée même, que nous lui avons connue. Son bon marché relatif et son abondance permirent dès lors de l'utiliser de deux façons : en massif pour les meubles de prix, et en placages pour les ouvrages de moindre valeur. Le plus souvent, les deux procédés furent employés simultanément : le massif étant réservé pour les montants du bâtis et pour les moulures, et le placage pour les traverses et les panneaux.

Dès l'année 1753, Mme de Pompadour faisait expédier à sa résidence de Crécy, par le fameux marchand Lazare Duvaux, « six commodes d'acajou massif, garnies de boutons, entrées et chaussons dorés d'or moulu, avec leurs marbres de Flandres »; et en 1756, le comte du Luc achetait au même Duvaux un secrétaire en acajou massif, garni de ferrures dorées, avec une tablette de marbre d'Antin. Ce fut un nommé Fermé, ébéniste rue de Seine-Saint-Germain, qui le premier se fit une spécialité de ces sortes de meubles. Bientôt, on en rencontra dans tous les mobiliers coquets. Au cours de nos études, nous avons relevé la présence de commodes, de tables, de guéridons en acajou, chez le fameux Randon de Boisset, chez le duc de la Vallière, chez la sympathique Mme d'Épinay, etc. Au château de Chanteloup, chez le duc de Choiseul, si nous en croyons Dufort de Cheverny, tous les sièges qui garnissaient les appartements réservés au duc d'Orléans et à la comtesse

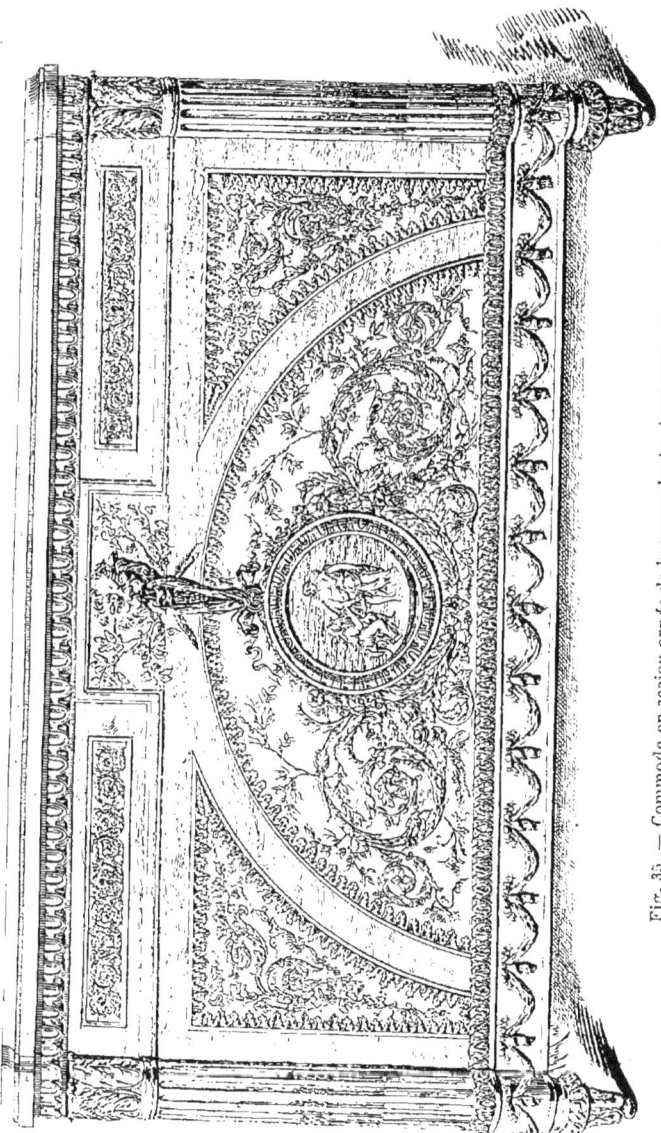

Fig. 35. — Commode en acajou ornée de bronzes dorés. (MOBILIER NATIONAL.)

de Brionne, « étoient de bois d'acajou, les plus commodes et de la meilleure forme ». A Versailles, chez Mme de Polignac, le meuble de salle à manger était en acajou. On voit que la faveur dont jouissait ce bois exotique fut alors générale.

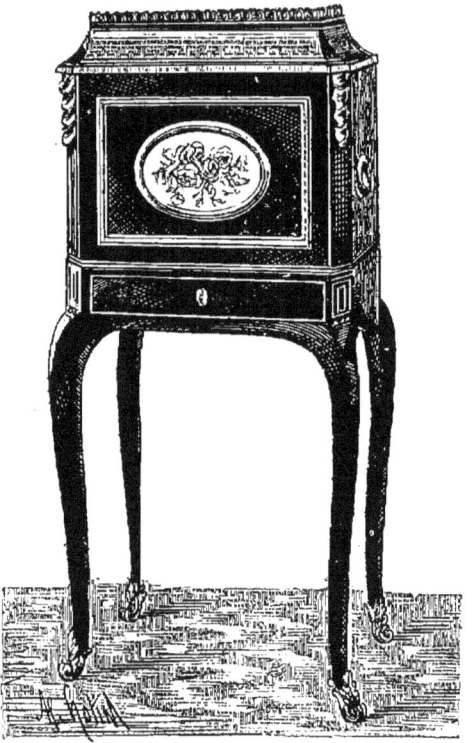

Fig. 36. — Petit secrétaire en acajou, orné de bronzes dorés et de mosaïque.

Cette mainmise sur notre mobilier ne s'effectua pas, toutefois, sans éveiller quelques susceptibilités, et sans provoquer des protestations. Mme de Genlis, qui n'aimait pas l'acajou et détestait les Anglais, dénonça ceux-ci à l'indignation publique, comme étant coupables de l'introduction de celui-là dans notre ameublement. « Ils ont fait passer la mode de la dorure par leurs bois des Indes, écrit cette dame en parlant des fils de la perfide Albion ; ces bois unis ont rendu gothiques, parmi nous, les sculptures dans lesquelles nous excellions[1] ». Un autre écrivain du même temps, Antoine Caillot, attribue, sans plus de raison peut-être, cette invasion aux beautés faciles du Directoire. « C'est par leur efficace influence, écrit-il, que l'acajou et plusieurs autres bois non moins précieux sont travaillés et façonnés en une infinité de manières, aussi agréables à la vue que favorables à tous les besoins, et même à tous les caprices[2]. »

Remarque curieuse, pendant que les pseudo-moralistes cherchaient à combattre la diffusion de l'acajou, en remontant aux origines peu respectables de cette singulière faveur, un certain nombre d'ébénistes parisiens luttaient pour rendre à nos bois indigènes leur ancien prestige. C'est ainsi que Puteaux, établi rue Taranne, 10, exposait en 1819 des meubles exécutés exclusivement en bois français, « afin de prouver qu'on peut les employer avec le même succès que les bois étrangers ». A la même exposition, on voyait des meubles confectionnés par Werner, en frêne plaqué, « rempli de ronces et de veines qui produisaient le plus bel effet ». « Sa beauté et sa solidité, disaient à propos de ce bois les rédacteurs des *Annales de l'industrie*, le placent au-dessus de l'acajou... Cet artiste (Werner) a voulu élever le bois indigène au-dessus des bois étrangers ; il y a réussi... Nous ne doutons pas qu'il ne parvienne à faire passer la mode des meubles plaqués en acajou[3]. » Ce que Werner s'efforçait de réaliser en 1819, avec le frêne, Burette (mécanicien ébéniste à Paris, rue du Marais, 47)

---

1. *Dictionnaire des étiquettes de la cour*, t. Ier, p. 357.
2. *Vie publique des Français*, t. II, p. 100.
3. *Annales de l'industrie nationale : Exposition de 1819*, t. III, p. 88 et suiv

l'avait tenté, dès 1806, avec l'orme, mais tout aussi vainement.

Quelles raisons donner à cet engouement persistant? En premier lieu, le bon marché relatif de l'acajou, conséquence

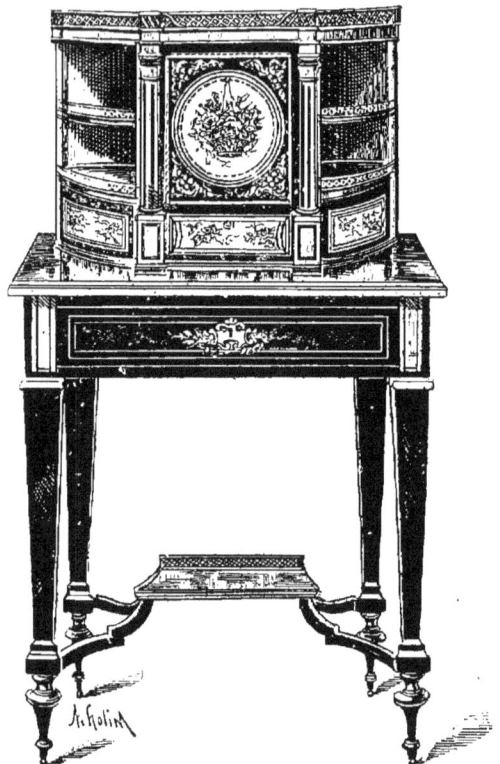

Fig. 37. — Bonheur du jour en acajou, orné de bronzes dorés et d'un panneau de porcelaine.

d'une importation considérable, et rendue elle-même peu coûteuse, par la très rapide croissance du *Cedrelas Mahogoni* qui fournit ce bois remarquable, et dont l'exploitation est des plus faciles. Aux Antilles et dans le Honduras, ces arbres atteignent, en effet, une taille colossale, et forment, sur des terrains rocheux, des forêts d'une immense étendue. Mais ce qui, plus encore que sa croissance rapide et sa facilité d'exportation, généralisa l'emploi du mahogoni en Europe, c'est son entretien facile, son incorruptibilité, sa belle couleur chaude et vibrante. Ce fut surtout l'avènement aux affaires et à la fortune, d'une classe nouvelle, encore trop neuve aux jouissances du vrai luxe pour apprécier les beautés d'une main-d'œuvre coûteuse, et avide cependant de posséder des meubles représentant une certaine valeur vénale. Les bois exotiques, utilisés en des marqueteries compliquées, formaient des ouvrages dispendieux. On voulut donc avoir des meubles en bois exotiques, parce qu'ils avaient la réputation de coûter très cher; mais on prétendit, en même temps, les payer le meilleur marché possible; et pour remplir ce double programme quelque peu contradictoire, les ébénistes durent simplifier leurs profils, réduire leurs coupes, et s'arranger, dans leurs placages, pour procéder par grandes surfaces planes, de telle sorte que, par des raisons économiques, le mobilier fut amené peu à peu à revêtir cette apparence raide et guindée qu'on lui connut sous l'Empire et la Restauration.

Dans le principe, toutefois, cette sécheresse parut déplaisante. Malgré les bouleversements que la Révolution avait opérés, l'œil ne s'était pas encore déshabitué de la contemplation des admirables ouvrages que le XVIIIe siècle avait prodigués. En outre, on avait pris l'habitude d'expliquer toutes les formes par l'adjonction d'attributs et d'accessoires, qui le plus souvent n'avaient rien à démêler avec les meubles qu'on prétendait décorer, ni avec leur destination. Au lieu de former le complément naturel de la structure, et de découler naturellement de la forme, l'ornement dominait celle-ci et l'asservissait à ses fantaisies. De là cette prodigalité un peu intempestive de frises, de chutes et de trophées de bronze, de bas-reliefs dorés, de médaillons de porcelaine et de biscuit, prenant une importance tellement exagérée, qu'on en arrive, en les contemplant, à se demander si ces décorations ont été conçues et exécutées pour parer le meuble, ou si c'est le meuble qui a été conçu et exécuté pour porter et faire valoir ces décorations.

Le courant était si fort, que les plus habiles dessinateurs de ce temps n'osèrent pas le remonter. Percier et Fontaine, respectueux disciples de David, et grands inspirateurs de leur époque, n'essayèrent même pas de tirer le mobilier de l'ornière où il s'enfonçait de plus en plus. Les modèles de Jacob Desmalter, successeur de Georges Jacob, lui aussi ébéniste distingué; ceux de Rémond, fournisseur du Garde-Meuble, tout comme ceux de Denière et Matelin, qui, d'abord fabricants de bronzes, avaient joint à leur première industrie des ateliers d'ébénisterie devenus promptement célèbres, présentent des formes carrées, lourdes, peu gracieuses, dont les contours trop simples sont corrigés par un excès de bronzes, distribués sur toutes les parties planes, dont ils dissimulent l'excessive nudité.

Sous le règne de Louis-Philippe, cette décadence alla en s'accentuant encore. La main-d'œuvre devint de moins en moins soignée; le goût et le sens de la décoration continuèrent à s'alanguir, sans que l'ensemble perdît rien de son insignifiance, bien au contraire. L'acajou et le noyer plaqués devinrent la parure obligée des moindres logis bourgeois; jusqu'au jour où, considérés à leur tour comme trop vulgaires, ils cédèrent la place au « vieux chêne » et au palissandre. Ainsi, les splendeurs de l'ancien mobilier français firent place à de pâles et incertaines réminiscences. On vit reparaître, chez les nouveaux enrichis, de faux buffets de Boulle, parodie ridicule et tapageuse de l'admirable ébénisterie du Grand Règne, et des secrétaires en bois de rose ornés de cuivres à peine décapés et simplement vernis, qui singeaient économiquement les meubles de boudoir de Mme de Châteauroux et de la marquise de Pompadour.

Depuis ce fâcheux épanouissement d'un luxe peu coûteux et d'une somptuosité de contrebande, la main-d'œuvre s'est heureusement refaite. Aujourd'hui, elle égale, dans les très beaux ouvrages, la perfection des époques les plus favorisées. Le goût, lui aussi, est redevenu moins banal et meilleur. Mais le génie créateur de formes et de dispositions nouvelles, l'esprit d'invention, semblent s'être assoupis. Nos ébénistes, dépourvus de modèles vraiment nouveaux, en sont réduits, le plus souvent, à copier et à recopier, avec plus ou moins d'exactitude et d'intelligence, les meubles si remarquables que nous ont laissés les trois derniers siècles de notre histoire mobilière. Des efforts sérieux, toutefois, ont été faits, dans ces dernières années, pour remédier à cette pénurie d'inspiration, sans que le public ait paru beaucoup encourager les novateurs. Des écoles, en outre, ont été fondées, qui doivent nous doter d'une pépinière de jeunes maîtres bien stylés, capables d'opérer une révolution heureuse. Puisse l'espoir que ces créations ont fait concevoir, n'être pas déçu !

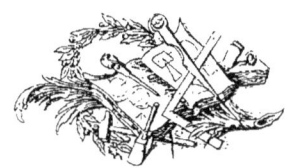

L'ÉBÉNISTERIE

SECONDE PARTIE

FABRICATION

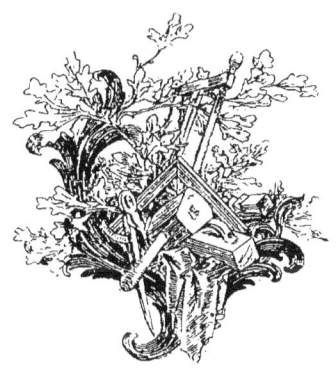

I

DES DIVERSES MANIÈRES D'EXÉCUTER LES PLACAGES. — PLACAGE AU MARTEAU. — PLACAGE A LA CALE. — PLACAGE AU SABLE. — PLACAGE A LA SANGLE.

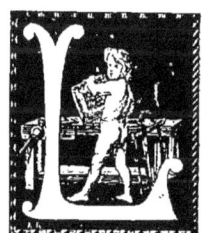A petite incursion que nous venons de faire dans l'histoire de l'ébénisterie française, ne nous aura pas été inutile. Elle nous aura d'abord appris ce qu'il faut entendre exactement par ce mot, et comment la profession d'ébéniste, née de celle du marqueteur, dont elle constitue une branche devenue exceptionnellement importante, tire son nom d'un bois qu'elle n'emploie plus guère. Elle nous aura permis, en outre, de constater que cette même industrie met en œuvre, à l'aide de placages, une foule de matières précieuses qui, sans les procédés employés par elle, ne pourraient, soit à cause de leur prix, soit à cause de leur nature, entrer dans la confection courante de notre mobilier.

La base fondamentale de l'ébénisterie, c'est donc le placage. Sans placage, en principe du moins, l'intervention de l'ébéniste est superflue; car le menuisier suffit à assurer, nous l'avons démontré autre part[1], la construction solide et rationnelle de tous les meubles qui nous sont nécessaires. Examinons donc, d'une façon générale et aussi brièvement que possible, en quoi consiste au juste le placage, et comment il s'exécute.

Le placage réside uniquement dans l'application, sur un bois relativement commun, de feuilles très minces d'une matière quelconque (bois exotiques, écaille, ivoire ou métal) beaucoup plus coûteuses que le bois destiné, si l'on peut dire ainsi, à lui servir d'excipient.

Pour que le bois commun appelé à recevoir le placage se prête bien à cette opération, il faut qu'il se présente *de fil*. C'est là une condition essentielle, parce que le bois *de bout* n'accepte que très difficilement la colle.

Cette colle qui, suivant l'expression même des spécialistes, « est l'intermédiaire dont l'ébéniste se sert pour fixer les feuilles de placage sur les bâtis », joue un rôle considérable dans toutes les opérations de l'ébénisterie. Aussi sa composition est-elle l'objet de soins tout particuliers; et dans les traités consacrés à l'art qui nous occupe, on ne manque jamais de donner d'excellentes formules, soit pour obtenir de bonne *colle forte,* ou colle de *Flandre,* à l'aide de rognures de peaux d'animaux, de sabots et d'oreilles de bœuf ou de cheval, soit pour confectionner de bonne *colle d'os,* qu'on fabrique en faisant bouillir des os, de façon à détacher la gélatine qu'ils contiennent. Ces traités spéciaux, auxquels nous renvoyons le lecteur, expliquent également que la *colle d'os* est plus homogène que la *colle forte* ordinaire, et par cela même beaucoup plus tenace. Mais cette ténacité, précieuse surtout pour les assemblages,

---

1. Voir notre volume sur la *Menuiserie.*

rend son emploi plutôt gênant, quand on se borne à exécuter des placages.

Enfin, il n'est pas jusqu'à la consistance de cette colle liquéfiée au bain-marie, qui ne soit à considérer, et qui ne doive être modifiée, suivant la rapidité plus ou moins grande avec laquelle l'ébéniste conduit son travail. L'ouvrier qui opère lentement a besoin, en effet, d'une colle plus fluide que celle dont devra se servir un camarade plus expéditif.

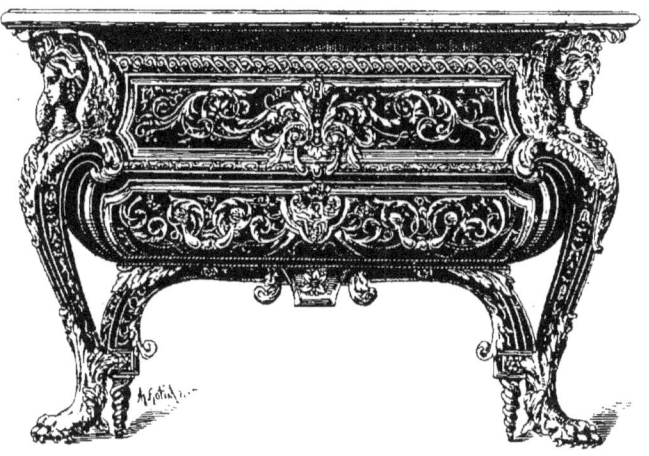

Fig. 42. — Commode exécutée par Boulle.
(BIBLIOTHÈQUE MAZARINE.)

La température de l'atelier dans lequel on travaille n'est pas elle-même indifférente. Le froid faisant en hiver coaguler très rapidement la colle, on ne peut exécuter de placages bien faits que dans une pièce chauffée à environ 15 ou 20 degrés.

Nous voici donc en possession de nos trois éléments essentiels : le bois de fond, taillé de fil, bien propre, légèrement rayé par le contact d'un fer bretté, exempt de toute tache de graisse ou de tout frottement de suif qui empêcherait la colle de prendre; la feuille de matière plus précieuse, également bien nette; et la colle préparée avec soin.

Pour opérer le placage, il nous suffira de frotter rapidement avec une éponge imbibée d'eau la partie extérieure de notre feuille, — si celle-ci est en bois, — c'est-à-dire celle de ses surfaces qui doit rester visible, d'enduire de colle l'autre côté, d'enduire également la partie correspondante du bâtis ou panneau qu'on veut plaquer, et d'appliquer exactement et rapidement les deux surfaces enduites l'une sur l'autre.

Toutes ces opérations ont leur importance. Grâce au

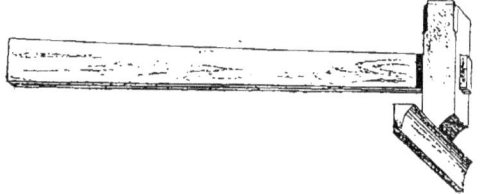

Fig. 43. — Marteau de placage.

mouillage, la colle n'a pu pénétrer trop avant dans l'épaisseur de notre feuille, et emplir les pores du bois de façon à dilater une de ses surfaces et à la faire gauchir. De plus, si cette feuille a été roulée et a conservé une courbure plus ou moins accentuée, en la mouillant du côté concave nous lui restituons sa planitude initiale. De sorte que, par suite de cette opération préliminaire, l'application sur le bois de fond de la feuille de placage n'offre aucune difficulté résultant des déformations accidentelles que celle-ci pourrait présenter si l'on ne prenait cette précaution.

Cette application a lieu, suivant les cas, de quatre façons différentes, qui portent les noms de : *placage au marteau, placage à la cale, placage au sable* et *placage à la sangle.* Les deux premiers modes sont employés plus spécialement pour couvrir les surfaces planes. Les deux derniers, pour les surfaces courbes ou cylindriques.

LE PLACAGE AU MARTEAU. — Ce mode de placage reçoit son nom de l'outil dont l'ébéniste fait usage — c'est un marteau, en effet, dont la panne est sensiblement plus large que celle du marteau ordinaire.

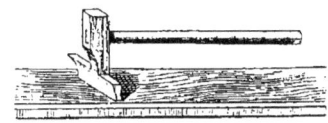

Fig. 44. — Position du marteau sur la feuille plaquée.

Aussitôt la feuille appliquée sur le panneau ou bâtis, l'ouvrier, de peur qu'elle ne bouge, la fixe avec deux pointes ou avec une petite presse à main, et, appuyant la panne de son marteau sur la feuille, il pousse celui-ci en avant, et le conduit jusqu'au bout, recommençant l'opération dans le même sens jusqu'à ce que toute la surface, ayant subi une pression égale, se trouve bien fixée sur sa base, et que la colle qui pouvait se trouver en excès ait été chassée et expulsée par les bords.

Cette façon de procéder réclame une grande dextérité, en même temps qu'une extrême rapidité d'évolution ; car il est indispensable que la colle n'ait pas le temps de refroidir, et qu'elle se trouve aussi fluide au commencement du travail qu'à la fin.

Parfois, surtout lorsqu'il s'agit de plaquer de grandes surfaces, la colle devient mal coulante. Alors on a recours au *fer à chauffer*, — masse de fer plate, assez semblable aux fers à repasser des tailleurs, —

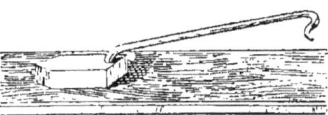

Fig. 45. — Le fer à chauffer.

qu'on promène lentement, et après l'avoir amenée à une température convenable, sur les parties où la colle n'est plus suffisamment liquide ; parties qu'on a eu soin de mouiller auparavant, pour éviter qu'aucun excès de chaleur n'altère l'épiderme du bois.

On voit que ce premier procédé ne laisse pas que de présenter des difficultés sérieuses, et même quelque danger. Sans compter que l'ouvrier, s'il n'est pas très habile, risque de *gripper* et même de déchirer les feuilles de placage avec son marteau. C'est pourquoi, pour les travaux courants et particulièrement pour les grandes surfaces, on donne la préférence au procédé suivant.

Le PLACAGE A LA CALE, plus régulier dans ses applica-

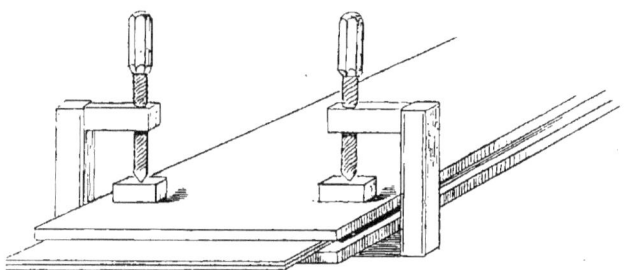

Fig. 46. — Placage à la cale.

tions, d'une pratique plus rapide, est aussi moins sujet à accidents. Cette seconde méthode emprunte son nom à des plateaux très unis, exactement plans, dressés avec soin dans de belles planches de peuplier de fil[1] et sans nœuds, bien d'équerre sur leurs champs, suffisamment épais pour résister à une pression assez forte, et d'égale épaisseur partout. Ces plateaux, nommés *cales,* servent à comprimer la feuille et le bâti qui vient de la recevoir.

---

1. Le rôle de la cale est si important, et son bon conditionnement si essentiel, que pour les ouvrages de prix on se sert parfois de cales en acajou, qui, avec une planitude plus grande, une fermeté supérieure, offrent cet avantage de fournir d'un seul morceau des plateaux d'une plus vaste étendue.

Pour plaquer à la cale, on procède comme nous avons indiqué plus haut pour le placage au marteau. — On humecte la feuille à l'endroit; on l'enduit de colle à l'envers; on encolle ensuite le bois de fond; puis on dispose celle-là sur celui-ci, et on applique la cale sur le tout. Mais comme cette cale ne serait pas assez pesante pour provoquer partout l'adhérence et pour chasser la colle qui

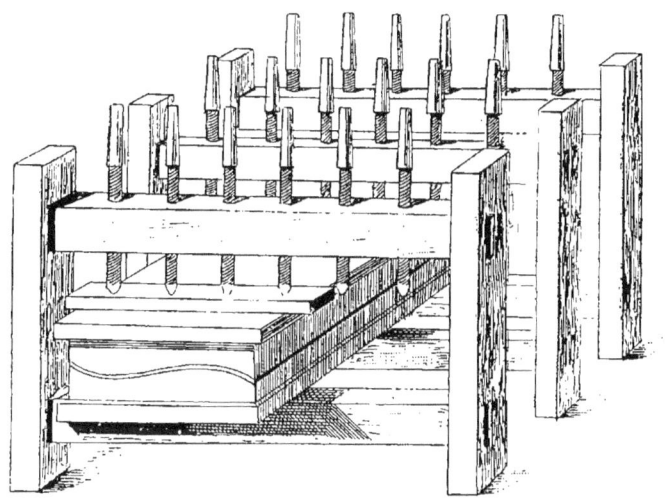

Fig. 47. — Placage à la cale d'une surface courbe.

se trouve en excès, on a recours, dans ce but, à un système de presses, qu'on désigne sous le nom de *presses à plaquer*. (Voir fig. 46 et 47.)

Ces presses à plaquer, assez analogues aux *châssis à coller* employés dans la menuiserie, consistent en un châssis rectangulaire, formé de deux traverses et de deux montants assemblés à tenons et mortaises. La traverse supérieure est percée de trous taraudés en pas de vis, et dans chacun desquels une vis à main est engagée. Une fois le châssis, la feuille et la cale disposés comme nous venons de l'expliquer, on introduit le tout dans la presse, et l'on tourne les vis à main de façon qu'elles serrent fortement la cale. Vingt centimètres plus loin, on recommence l'opération à l'aide d'une autre presse pareillement disposée, et on continue ainsi, de vingt en vingt centimètres.

On abandonne ensuite presses, cales et bois plaqués à eux-mêmes, en ayant soin que l'atelier où on opère ne soit ni trop sec ni trop humide; et au bout de trois ou cinq heures, suivant l'époque de l'année, on peut desserrer les presses et enlever les cales. Le placage est achevé.

Quoique ce mode de procéder présente, avec plus de simplicité, plus de chances de parfaite réussite que le placage au marteau, pour achever et assurer son absolu succès on prend encore certaines précautions utiles. Comme le but qu'on se propose est — nous l'avons dit — non seulement de provoquer l'adhérence de deux surfaces, mais d'expulser l'excès de colle qui peut se trouver entre elles, il importe que celle-ci ne perde pas, dans un refroidissement trop rapide, son indispensable fluidité. Aussi a-t-on soin de faire préalablement chauffer la cale devant un feu clair, en faisant bien attention qu'elle soit également chaude sur toute sa surface. En outre, pour empêcher que la cale, ainsi chauffée, en s'imprégnant des gouttes de colle qui suintent parfois à travers la feuille de placage, ne vienne à s'attacher à cette dernière, on frotte la surface extérieure de la feuille avec un peu de savon blanc.

Le placage à la cale est également employé pour les surfaces légèrement courbes. Mais, dans ce cas, la cale cesse d'être plane pour prendre une forme inverse à celle du bâtis que le placage doit habiller, de façon qu'appliquée sur ce bâtis, elle en épouse le contour. Et dans le cas où, par suite de complications, la presse que nous avons décrite ne s'adapte pas très exactement à ce nouveau service, on a recours à d'autres presses plus simples, en forme de C, comme le montrent nos figures 46 et 48.

PLACAGE AU SABLE. — Si les cales bien aplanies, de bonne épaisseur et soigneusement équarries, telles en un mot que nous venons de les décrire, peuvent servir pour exécuter indistinctement toutes sortes de placages sur les surfaces planes, il n'en va pas de même, nous venons de le voir, pour les surfaces fortement recourbées.

Il faut donc, pour chacune de celles-ci, posséder une cale correspondant strictement à l'inflexion que produit sa courbure. Aussi, pour éviter des pertes de temps fâcheuses,

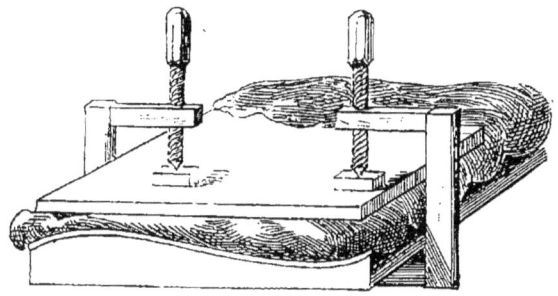

Fig. 42. — Placage au sable.

est-on obligé de réunir à l'atelier un assortiment assez complet de plateaux présentant des inflexions variées, et dont la forme fournit la contre-partie des moulures ou des ornements qu'on emploie d'une façon courante. Mais, sous peine de limiter ses ouvrages à un nombre restreint de contours, — restriction qui entraînerait une monotonie forcée dans la confection de ses meubles, — l'ébéniste est obligé de chercher continuellement de nouvelles formes et de recourir à de nouveaux profils. En outre, il arrive souvent que les moulures à plaquer ne se développent pas sur un plan droit, mais décrivent elles-mêmes des courbes plus ou moins régulières, comme cela se produit notamment dans les commodes cintrées, les ciels de lit, les fûts de colonnes, etc. Dans ces divers cas, la confection de cales spéciales, toujours difficile et dispendieuse, devient impossible, et l'on tourne la difficulté en employant le *placage au sable*.

Pour cela, on prend un certain nombre de sacs en toile très fine et très souple, on les remplit d'un sable très fin, on fait chauffer ces sacs, et, le placage humecté et encollé ayant été disposé sur le bâtis comme il a été expliqué plus haut, on applique ces sacs sur la feuille de placage, de façon qu'ils ne laissent entre eux aucun espace vide. Puis, sur ces sacs, on place une cale plane de grandeur convenable, et l'on serre le tout avec des presses à plaquer. (Voir fig. 48.)

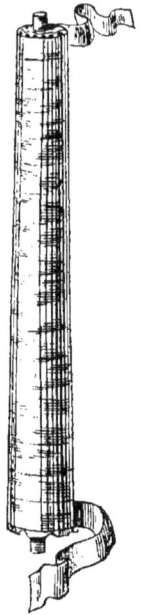

Fig. 49. — Placage à la sangle.

Le PLACAGE A LA SANGLE est aussi un procédé économique, rapide et commode, qu'on emploie pour les meubles et les moulures cylindriques, et notamment pour plaquer les colonnes. Sous le règne de Louis-Philippe, on a fabriqué, entre autres ouvrages très ordinaires, des quantités de tables de nuit affectant une forme arrondie. Comment faire pour plaquer en noyer ou en acajou de pareils meubles? Employer les cales et les presses? la chose est impossible. Ces dernières, en effet, manqueraient de point d'appui. Là encore on élude la difficulté, en appliquant sur la feuille de placage préparée comme il convient, des sacs de sable fin, et en soutenant et en serrant ces sacs avec une sangle, ou avec une corde que l'on fait tourner autour du meuble. On tend autant que possible cette corde ou cette sangle, et on s'arrange de manière que chaque évolution touche celle qui la précède. Puis, les deux extrémités en étant solidement arrêtées, si l'on craint de n'avoir pas

L'ÉBÉNISTERIE 85

encore assez serré, on mouille la corde ou la sangle, qui, sous l'action de l'humidité, se contracte, et donne autant de pression qu'il est nécessaire pour chasser l'excédent de colle et faire exactement adhérer le placage.

Ce procédé relativement simple, et somme toute peu coûteux, est également employé pour les meubles à coins arrondis. Toutefois, pour éviter, dans la confection de ces derniers ouvrages, une perte de temps toujours préjudiciable et qui pourrait devenir funeste, on applique sur les parties planes des cales ordinaires, et l'on réserve pour les encoignures les sangles ou cordes, qui pressent sur le tout.

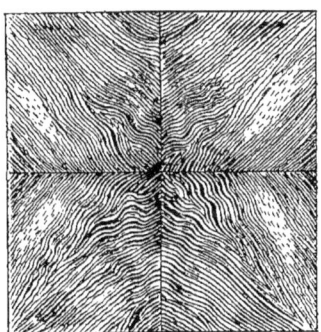

Fig. 50. — Panneau plaqué en acajou, avec les feuilles disposées en croix.

II

DES PRINCIPALES MATIÈRES EMPLOYÉES POUR LE PLACAGE

Nous avons dit que l'opération relativement compliquée du placage avait pour point de départ la nécessité de ménager l'emploi de matières coûteuses. Peut-être, avant d'entrer davantage dans notre sujet, serait-il bon d'énumérer ces matières, et d'indiquer les qualités principales qui les font rechercher.

Les unes, comme le cuivre, l'étain, l'ivoire, la nacre, l'écaille, la corne, l'os, la baleine, ne sont plus guère employées aujourd'hui que dans la marqueterie des petits meubles : coffrets, guéridons, etc., ou pour les contrefaçons de ces buffets et tables exécutés dans le pseudo-style de Boulle, dont la mode a sévi sous le règne de Louis-Philippe et sous le second Empire, et qui depuis lors sont tombés dans un discrédit justifié.

Les autres consistent en bois de diverses provenances, ceux-ci indigènes, ceux-là exotiques. Parmi les premiers, il convient de citer le noyer, l'olivier, l'oranger, le citronnier, le merisier, le poirier, le bois de Sainte-Lucie, etc. La liste des bois étrangers est infiniment plus longue. Elle ne comprend pas moins d'une soixantaine d'essences, qui toutes furent employées, au XVIIe et au XVIIIe siècle, d'une façon plus ou moins courante, mais auxquelles, pour la plupart, l'ébénisterie contemporaine a renoncé à peu près complètement. Nous avons donné autre part la liste de ces bois exotiques[1]. Ici nous nous bornerons à mentionner l'acajou, le palissandre, le thuya, le pitch-pin, qui

---

1. V. *Dictionnaire de l'ameublement et de la décoration*, sous *Bois*.

L'ÉBÉNISTERIE

sont mis en œuvre par grandes surfaces ; le bois de rose et l'amarante, employés par fragments de taille réduite. Il est très rare de voir d'autres bois utilisés aujourd'hui pour le placage des meubles même les plus soignés.

Acajou. — De tous les bois de placage étrangers, l'aca-

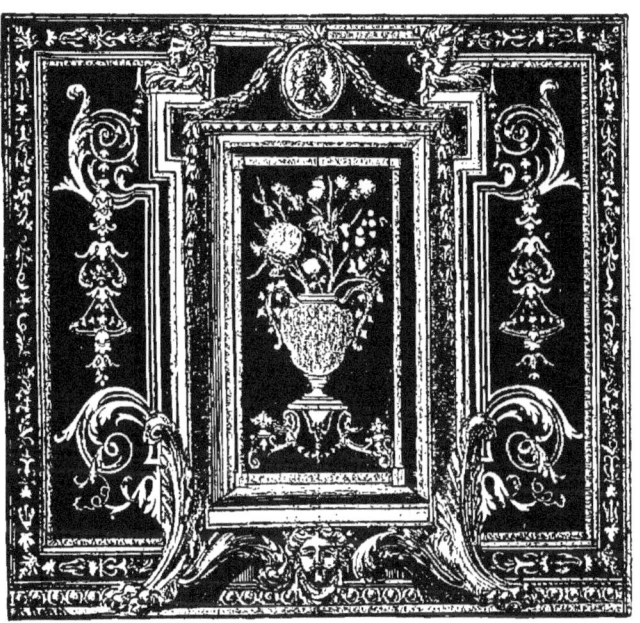

Fig. 51. — Panneau de marqueterie en ébène, amarante, bois violet, écaille et cuivre, enrichi de bronzes dorés.

jou, dont nous avons eu déjà occasion de parler assez longuement (voir pages 64 et suiv.), est, sinon le plus apprécié, du moins le plus connu, et celui dont il est fait le plus grand usage. Autrefois, on le tirait de Malabar. Aujourd'hui on le fait venir d'Haïti, de Cuba, du Honduras, du Yucatan. L'acajou d'Haïti est surtout apprécié. Il provient de la côte de Saint-Dominique et des Gonaïves. Son tissu est fin et serré. Sa couleur est d'un beau rouge, qui se réchauffe encore avec le temps. Celui de Cuba est plus lourd, mais il a la fibre plus grosse. L'acajou du Honduras et du Yucatan est considéré comme étant de qualité inférieure. L'un et l'autre ont le tissu relativement lâche et la fibre épaisse. Ils sont légers, poreux, et leur couleur, d'un rouge pâle tirant parfois sur le jaune, ne revêt point cette ardente et généreuse patine qui donne à leur congénère d'Haïti un si riche et si rutilant aspect.

L'acajou est importé en Europe sous la forme d'énormes *billes*. Celles-ci, dans le commerce, sont classées non seulement suivant leur pays d'origine et les qualités intrinsèques qui en découlent, mais aussi d'après les dessins plus ou moins riches que forme la disposition de leurs veines ; et leur valeur marchande se proportionne à la complication et à la richesse de ces dessins. On distingue de la sorte l'*acajou uni,* l'*acajou veiné,* l'*acajou flambé,* l'*acajou moucheté,* l'*acajou moiré,* l'*acajou chenillé* ou *tigré* et l'*acajou ronceux.*

Indépendamment de sa contexture, différente suivant son lieu de provenance, l'acajou voit son veinage varier, suivant la partie de l'arbre dans laquelle la *bille* est taillée. Ces *billes*, même, sont divisées en deux classes principales. L'une, désignée sous le nom de *bois canon,* englobe toutes les fractions provenant du tronc et des grosses branches. L'autre, appelée *bois fourche,* ne comprend que les parties situées au sommet du tronc, à l'endroit où l'arbre se fibourque en des rameaux divergents. Dans le *bois canon,* les fibres régulièrement allongées se développent parallèlement et sans s'enchevêtrer ; elles offrent, à cause de cela, un aspect assez monotone. Dans le *bois fourche,* au contraire, prenant des chemins divers, elles forment ces dessins curieux qu'on appelle la *ronce;* et, si le nombre des branches est grand, la *ronce*, sujette à être *fleurie*, gagne en beauté et par conséquent en valeur.

L'ÉBÉNISTERIE

AMARANTE. — Si nous rapprochons ce bois de l'acajou, c'est qu'il appartient à la même famille. Longtemps, on a

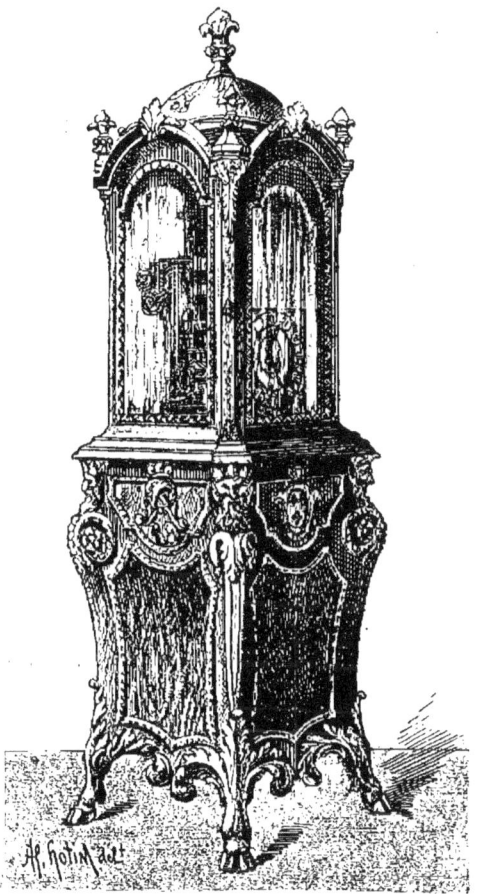

Fig. 52. — Horloge en acajou plaqué, rehaussé de bronzes dorés.

cru qu'il provenait d'un arbre spécial. On sait aujourd'hui qu'il est fourni par une variété du mahogoni. C'est donc un véritable acajou; et comme on le récolte dans la Guyane, on l'a surnommé dans le commerce acajou de Cayenne. Le bois d'amarante est d'un rouge vineux tirant sur le violet. On en distingue, pour l'ébénisterie, deux variétés : le dur et le tendre. Tous deux ont à peu près la même coloration. Toutefois le tendre n'a que le cœur fortement nuancé. Son aubier est d'un jaune pâle, veiné de noir.

C'est au siècle dernier que l'amarante fit son apparition dans le mobilier parisien. Cressent, le fameux fournisseur du Régent, le mit à la mode. Cet habile artiste exécuta des commodes, des bibliothèques, des bas d'armoire en amarante plaqué, encadré de bois de violette et relevé de bronzes dorés, qui méritèrent tous les éloges.

Palissandre. — Ce beau bois, qu'on a appelé tour à tour *bois violet,* à cause de sa couleur, *bois de violette,* à cause de sa très fine et très douce odeur, *bois de Jacaranda,* à cause de son lieu de provenance, est aujourd'hui tiré du Brésil et de la Guyane. On l'importe soit sous forme de *billes* non équarries, soit en billes fendues dans le sens de la longueur, soit encore en plateaux assez épais. Sous ces trois formes, le palissandre est extrêmement employé dans l'ébénisterie, et justifie la préférence qu'on lui accorde par ses rares qualités. Il est sec, dur, compact, inaltérable. Son grain fin et serré est susceptible d'un beau poli. Sa couleur d'un brun violacé très foncé, et qui fonce encore avec le temps, est agréable.

C'est dans la première moitié du siècle dernier que le palissandre commença d'être usité régulièrement comme bois de placage. Le développement extraordinaire des échanges, en le faisant arriver par quantités sur le marché européen, s'il ne lui a rien fait perdre de ses remarquables qualités, a du moins grandement atténué son prestige. C'est ainsi qu'il a remplacé dans les mobiliers bourgeois l'acajou discrédité, lui aussi, par son excessive abondance. Pour cette seule raison, ceux qui se piquent de raffinement, le

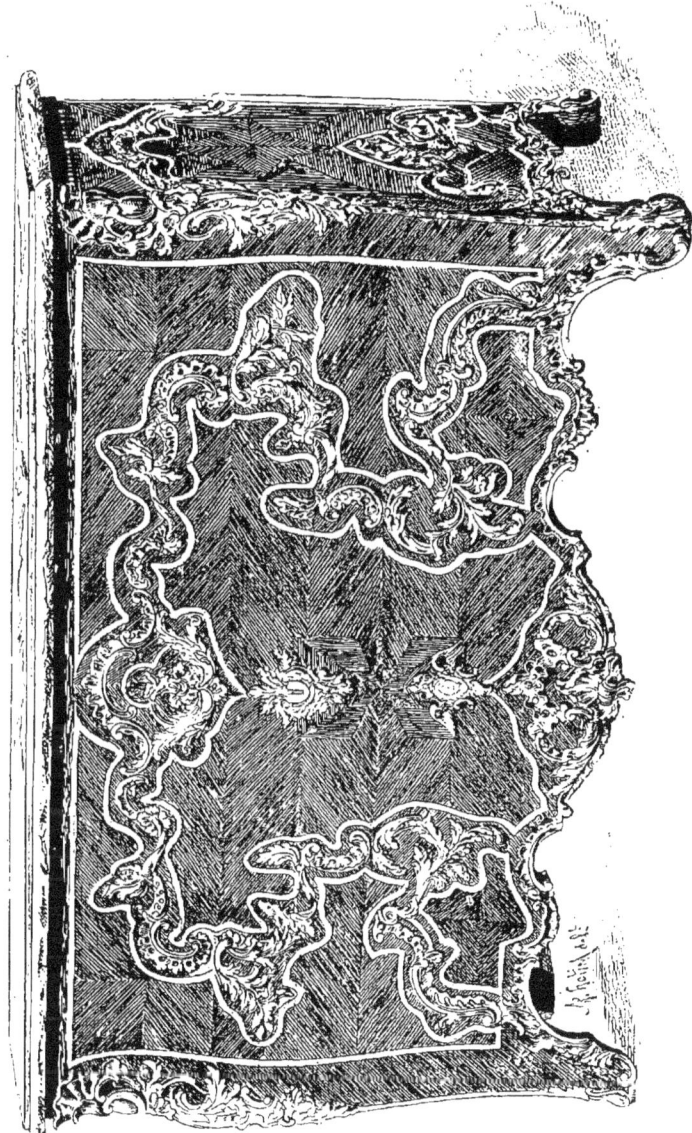

Fig. 53. — Commode en mosaïque de bois d'amarante.

dédaignent et donnent la préférence à d'autres bois, qui n'ont cependant ni sa beauté, ni sa durée, ni son incorruptibilité, ni son agréable odeur.

Bois de rose. — Ce bois provient de différentes espèces d'arbres, qui toutes croissent dans les contrées les plus chaudes de l'ancien et du nouveau monde. Le nom commun sous lequel on les englobe vient de leur couleur qui varie du jaune fauve au rouge pâle. Tous, en outre, ont le grain fin, serré, sont susceptibles d'un beau poli, acceptent admirablement le vernis, et, par le dessin régulier de leurs veines parallèles, se prêtent aux combinaisons du marqueteur.

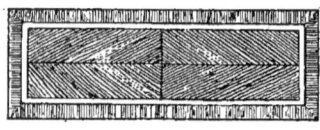
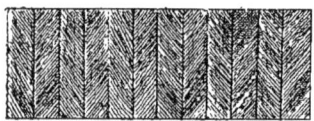
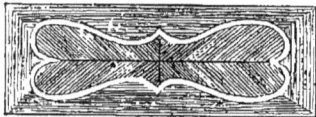

Fig. 54 à 56. — Placages divers en bois de rose.

Le bois de rose est connu et apprécié depuis le XVIᵉ siècle. Mais c'est surtout au siècle dernier, qu'il a joui d'une vogue exceptionnelle. Sa couleur tendre, rehaussée de beaux bronzes et combinée avec des encadrements de bois plus sombres, convenait délicieusement aux boudoirs des belles marquises de Versailles et de Paris. On a relevé, dans les anciens inventaires, un nombre considérable de ces meubles coquets et fragiles, exécutés par les ébénistes les plus réputés. Notre époque plus sérieuse semble dédaigner ces ouvrages d'apparence un peu frivole ; peut-être est-ce simplement qu'elle est trop économe pour mettre le prix à des travaux exigeant un soin spécial, et qui, par leur nature même, ne supportent pas la médiocrité.

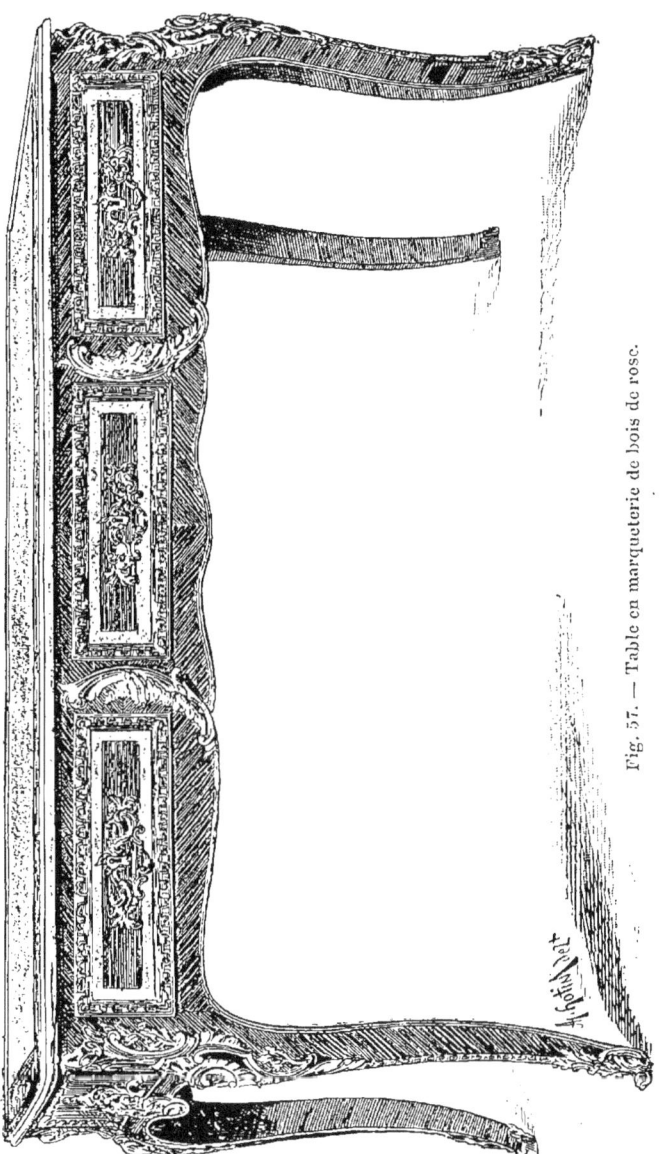

Fig. 57. — Table en marqueterie de bois de rose.

Le THUYA, sans avoir, dans le passé, une histoire aussi glorieuse que le bois de rose, est aujourd'hui presque aussi délaissé et pour les mêmes raisons. Il se recommande cependant par sa belle teinte rousse, tirant sur le verdâtre, et par ses veines brunes très curieusement dessinées. On l'importe du Canada et de la Chine.

PITCH-PIN. — De tous les bois exotiques, c'est le meilleur marché; aussi l'emploie-t-on en massif, presque autant qu'en placages. Originaire d'Amérique, il a toutes les qualités du pin européen, avec une fibre plus compacte, une dureté plus grande, une couleur plus riche, un veinage plus varié. Il était à peu près inconnu en France avant 1868, époque à laquelle un fabricant de meubles normand eut l'heureuse idée de confectionner, avec lui, des ouvrages qui, grâce à leur jolie couleur, à leur propreté et à leur prix modeste, conquirent de suite la faveur du grand public.

L'ÉRABLE est également très usité pour les placages d'une certaine étendue. Les principales variétés qu'on trouve en France sont l'*érable sycomore* et l'érable à *feuilles de frêne*. A ces espèces indigènes, plus spécialement employées dans la menuiserie, il faut ajouter l'*érable gris ondulé*, l'*érable moucheté* ou *à œil d'oiseau*, l'*érable argenté uni*, la *loupe de couleurs variées*, la *loupe d'érable blanc argenté,* qui, provenant d'Amérique, offrent des variétés intéressantes, et sont d'un prix très abordable.

L'érable présente une particularité qui le fait réserver pour certains usages spéciaux. Tous les bois que nous venons d'énumérer avant lui se débitent dans le sens de leur longueur. Suivant leur contexture et leur prix de revient, on les scie où on les tranche. L'érable, lui, *se déroule,* c'est-à-dire qu'on le tranche circulairement, en partant de son épiderme pour atteindre son cœur. Cette façon de procéder, imposée par cette particularité que le cœur de l'arbre est mauvais, permet d'obtenir des feuilles d'une étendue exceptionnelle. Les plafonds des wagons de chemin de fer sont souvent plaqués en érable déroulé.

Tels sont les principaux bois exotiques en usage dans l'ébénisterie contemporaine pour les placages. Parmi ceux qui jouirent jadis d'une réputation méritée, nous pourrions citer encore l'aloès, l'agaloche, le bois de calembourg, l'amourette, le bois de Rhodes, le bois de Corail, le bois d'Inde, le jaune clairembourg, le santal citrin, le santal blanc, le satiné jaune, le satiné rouge, et enfin toutes les variétés du fameux bois d'ébène, qui a donné son nom à l'industrie que nous étudions. Mais, nous l'avons dit, ces différentes sortes sont aujourd'hui fort oubliées ; et il nous reste à nous occuper des essences indigènes.

De tous nos arbres français, c'est le NOYER qui a été le plus généralement employé en placages. C'est, du reste, un bois fort remarquable à tous égards. Il est d'un grain serré, doux à l'outil, très durable avec cela et susceptible de recevoir un beau poli. Pendant la première moitié de ce siècle, il a presque contre-balancé la vogue de l'acajou. Il présente au surplus, quand il est bien choisi, une variété de dessins égale à celle de ce dernier. Comme lui, il est tantôt veiné, tantôt moiré, flambé, etc. Il n'est inférieur à son célèbre rival que sous le rapport de la couleur. Sa teinte jaune fauve, mêlée de brun ou de noirâtre, n'a pas les rutilences superbes des diverses variétés du mahogoni.

Dans le commerce, on distingue deux sortes de noyer : le *blanc*, relativement commun, et qu'on utilise plus généralement dans la menuiserie ; et le *noir* ou *noyer d'Auvergne*, réservé pour l'ébénisterie. Les loupes de ce dernier sont parfois d'une rare magnificence de dessin. Au Moyen Age, sous le nom de *madré*, on les employa spécialement à faire des vases à boire, extraordinairement recherchés.

III

DE LA FAÇON DONT ON DÉBITE LES BOIS DESTINÉS AU PLA-
CAGE, ET DES DIVERSES TEINTURES EMPLOYÉES POUR VA-
RIER LEURS NUANCES.

Nous avons expliqué, dans le précédent chapitre, que le bel effet produit par les bois plaqués provient, en grande partie, des dessins plus ou moins compliqués produits par leur veinage. Aussi, dans la façon dont les feuilles de placage sont débitées, a-t-on grand soin de trancher les billes de manière que leurs veines se présentent sous leur aspect le plus riche et le plus mouvementé. C'est pourquoi, surtout lorsqu'il s'agit de *bois fourches* ou de *loupes*, on scie le bois transversalement à la longueur des fibres, de sorte que les couches concentriques offrent la disposition de rosaces plus ou moins régulières. Quand, au contraire, la partie à débiter rentre dans la catégorie des *bois canons*, c'est-à-dire appartient au tronc même de l'arbre, alors on tranche le bois obliquement à sa longueur, et de cette manière, les couches concentriques, les nœuds, les déviations de la fibre, forment sur les feuilles des gerbes flamboyantes d'un effet assez brillant. On ne tranche guère le bois parallèlement à sa fibre que si son veinage n'est pas apparent, ou ne peut pas ajouter à la beauté de son aspect. L'ébène noire et le bois de corail sont dans ce cas.

Mais il arrive très souvent que les feuilles de placage, fournies par le bois précieux qu'on débite, ne sont pas de taille suffisante pour couvrir toute la surface qu'on désire plaquer; alors on est obligé d'employer plusieurs feuilles.

L'ouvrage, dans ce cas, n'aurait guère d'aspect, si les feuilles juxtaposées n'offraient des analogies entre elles et ne composaient pas — une fois rapprochées — un dessin sinon absolument régulier, tout au moins symétrique. Aussi, lorsqu'on recouvre un panneau avec deux feuilles, non seulement on a soin qu'elles proviennent du même morceau et qu'elles aient été tranchées l'une auprès de l'autre, de façon à répéter exactement le même dessin, mais encore, en les appliquant sur le bâtis, on prend garde que les

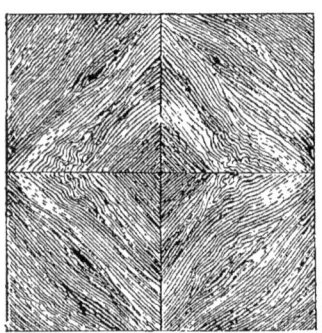
Fig. 58. — Placage d'acajou, feuilles réunies en croix.

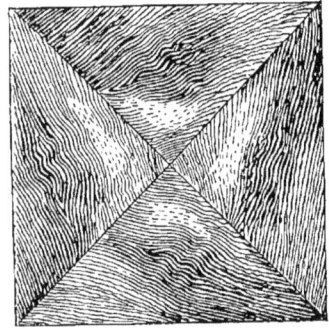
Fig. 59. — Placage de noyer, feuilles réunies en croix de Saint-André.

tranches analogues se touchent et, lorsque le panneau est vertical, que leur joint, partageant la surface par le milieu, soit bien exactement perpendiculaire au sol.

Si deux feuilles ne suffisent pas et qu'il en faille employer quatre, on a recours à des précautions de même genre. On dispose les quatre feuilles de telle manière que leurs dessins se combinent et que leurs joints forment soit une croix ordinaire, soit une croix de Saint-André. Cette dernière disposition est parfois commandée par la nature même des feuilles de placage, qui gagnent à être taillées en triangle, et perdraient de leur beauté ou de leur étendue si on voulait les ramener à la forme d'un parallélogramme.

La façon dont on tranche les bois de placage n'est pas, du reste, le seul artifice auquel on a recours pour augmenter leur belle apparence. On se sert également de certaines teintures, qui augmentent la beauté des bois exotiques, en exaltant la vivacité de leur nuances, et qui permettent, dans nombre de cas, d'approvisionner la palette du marqueteur, en donnant à certaines essences indigènes, telles que le platane, le frêne, le houx, le peuplier, des nuances variées leur permettant de remplacer, au besoin, des bois plus précieux.

C'est, en outre, à la teinture qu'on a recours pour communiquer au chêne et au noyer la nuance brune et chaude qui, dans les mobiliers dits « de style », joue un rôle si important; et au poirier cette belle teinte noire qui lui permet de simuler l'ébène.

Les principales matières qu'on emploie pour donner aux bois indigènes ou étrangers ces différentes colorations, sont les suivantes :

Pour le ROUGE : la garance, le campêche, le bois de Brésil, l'orseille, le fernambouc, la cochenille, le rouge d'aniline, le santal, le rocou, l'orcanette, le carthame, etc.

Pour le BLEU : l'indigo, les oxydes de cuivre rouge, le tournesol, etc.

Pour le JAUNE : la gomme-gutte, le chromate de potasse, la gaude, le quercitron, le cucurna ou safran des Indes, le fustet ou bois-jaune de Hongrie.

Pour le NOIR : la noix de galle, le sulfate de fer ou couperose verte, le sulfate de cuivre ou couperose bleue, l'encre de Runge, etc.

Pour le VERT : divers mélanges des teintes jaunes et bleues mentionnées plus haut, ou encore la couperose verte et le vert-de-gris.

Pour le VIOLET : des mélanges de rouge et de bleu, ou bien le campêche et l'alun.

Pour l'ORANGE : des mélanges de jaune et de rouge.

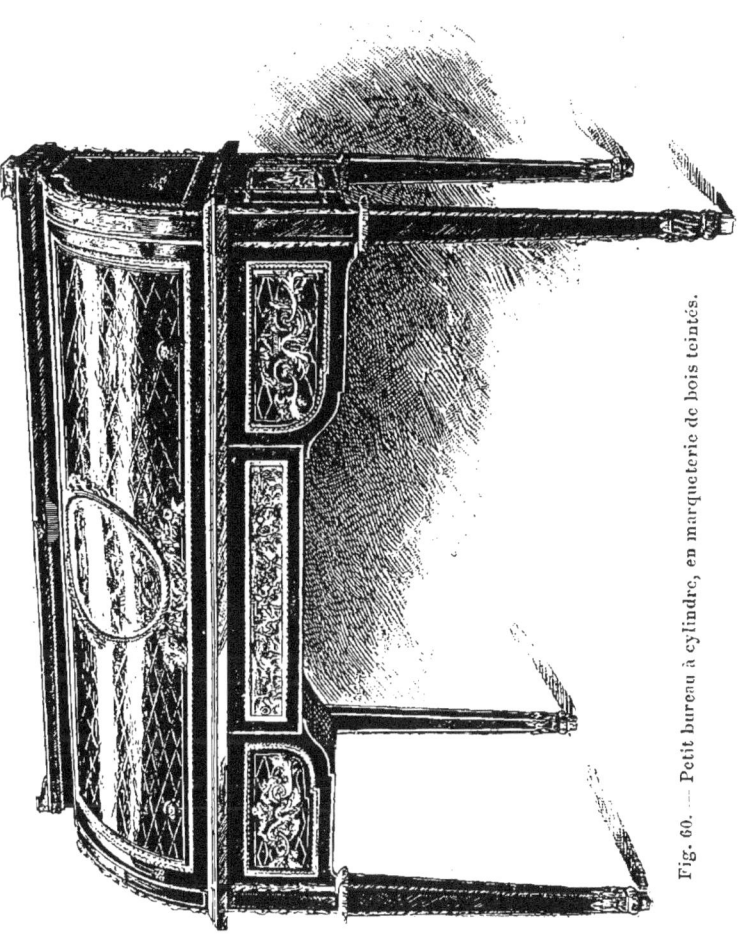

Fig. 60. — Petit bureau à cylindre, en marqueterie de bois teintés.

Enfin, pour la teinte brune, connue sous le nom de VIEUX CHÊNE : le brou de noix.

Si l'on veut que ces différentes teintures produisent le bon effet qu'on en attend, il faut qu'elles pénètrent les bois sur lesquels on les applique, s'incorporent à leur tissu, mais n'empâtent pas les cellules cependant, et permettent de continuer à distinguer le veinage et les dessins plus ou moins compliqués qu'il forme. Lorsque les bois sont tendres et poreux, comme le poirier par exemple, ils se laissent assez facilement pénétrer dans toute leur épaisseur par la teinture. Mais quand, au contraire, leur grain est très serré et leur nature résistante et dure, on est obligé de ne les teindre qu'après les avoir débités en feuilles de deux millimètres d'épaisseur, pour que la couleur, agissant sur les deux surfaces à la fois, puisse s'introduire à l'intérieur de la feuille. En outre, il convient de ne pas oublier que seuls les bois tout à fait blancs sont susceptibles de recevoir les couleurs claires et les nuances tendres. Encore est-il bon, pour éviter les surprises désagréables, de les débarrasser, dans bien des cas, des principes colorants que naturellement ils renferment en eux-mêmes. Cette opération s'effectue à l'aide d'un blanchiment préalable, c'est-à-dire en imbibant le bois d'un mélange de chlorure de chaux et de soude cristallisée, dissous dans de l'eau, en les lavant ensuite dans une solution d'acide sulfureux, chargée de faire disparaître le chlore, et finalement dans de l'eau ordinaire, qui élimine à son tour l'acide sulfureux. Parfois le *mordançage,* dont nous allons dire un mot, suffit pour rendre le bois d'une blancheur suffisante.

Plusieurs des matières colorantes que nous énumérons plus haut se fixent d'elles-mêmes dans le bois, et lui demeurent incorporées d'une façon durable. Pour d'autres, au contraire, il faut recourir à l'opération dont nous venons de transcrire le nom, — au *mordançage,* — c'est-à-dire qu'il faut faire emploi d'un *mordant,* pour amener l'union intime de la couleur et de la matière colorée.

Suivant les cas, l'application du mordant précède l'appli-

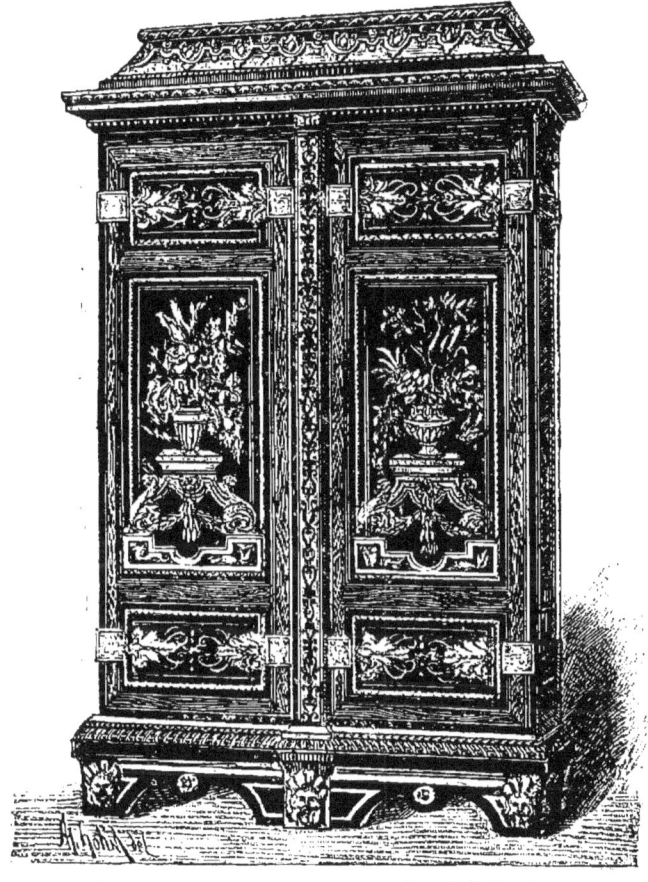

Fig. 61 — Armoire plaquée en mosaïque de bois teintés.

cation de la nuance, ou, mélangé avec elle, il est appliqué en même temps. Quant à la mise en couleur, elle peut se faire de trois façons différentes : soit à *la cuve,* c'est-à-dire par immersion, soit à l'aide du *pinceau,* soit en se servant de l'*éponge.*

L'immersion, qui consiste à laisser baigner dans la teinture les fragments qu'on veut colorer, jusqu'à ce qu'ils aient pris la nuance qu'on désire, est, des trois procédés, le plus sûr et le meilleur. Mais il n'est pas toujours applicable, surtout quand les pièces à teindre dépassent certaines dimensions. Alors il faut recourir au pinceau ou à l'éponge, opération plus délicate et qui exige une certaine habitude, pour que la couleur soit exactement répartie. Enfin, pour que le bois se pénètre bien de la couleur qu'il doit revêtir, et pour que celle-ci se loge rapidement dans les pores, il importe qu'elle soit appliquée non pas bouillante, mais fort chaude.

On comprendra que nous n'entrions pas dans plus de détails sur ces opérations, qui, suivant les cas et grâce à certains tours de main qu'enseigne l'expérience, varient à l'infini. « On connaît plus de quarante manières de teindre en noir, » écrivent MM. Nosban et Maigne[1]. Sans être aussi nombreuses pour les autres nuances, encore les façons de colorer le bois en rouge, en jaune, en violet, etc., ne laissent-elles pas que de s'élever à un chiffre trop considérable pour qu'il soit possible de les énumérer toutes ici. On en connaît une quinzaine pour le rouge, six ou sept pour le bleu, autant pour le jaune. On en pourra trouver l'explication détaillée dans les recueils spéciaux.

1. *Nouveau Manuel complet de l'ébéniste,* p. 104.

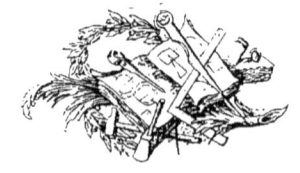

IV

DU CONTRE-PLACAGE

Ayant passé rapidement en revue les principaux bois employés comme placage, la façon de les débiter et les procédés les plus ordinairement usités pour varier leurs couleurs et augmenter leur éclat, il nous faut maintenant revenir aux opérations caractéristiques de l'ébénisterie.

Le placage, dont nous avons expliqué l'utilité et la raison d'être, ne donne et ne peut donner de bons résultats — quelle que soit la façon dont on l'exécute — qu'à une double condition : c'est que les matériaux dont on fait usage soient de bonne qualité, et qu'ils soient parfaitement secs.

Le bois en effet, pour peu qu'il soit encore frais, a une invincible tendance à jouer; et si, emprisonné dans un bâtis, il ne peut s'étendre ou se contracter à loisir, il gauchit et se fend Afin de parer, autant que possible, à cet inconvénient, dont la gravité n'a pas besoin d'être autrement démontrée, on prit soin, dans le principe, de n'exécuter les pièces d'ébénisterie qu'avec des bois très secs.

Si cette condition peut être assez facilement obtenue pour les feuilles de placage, il vint un temps où elle ne fut guère réalisable pour les bois de fond ; or il fallait que les parties superposées et collées fussent également dénuées de tendance à jouer et à gauchir. Ce danger avec un bois de fond mal séché était d'autant plus grand, que le plateau sur lequel on dispose la feuille de placage est forcément beaucoup plus épais que celle-ci. C'est ce qui força les ébénistes à recourir à une opération fort ingénieuse, mais assez compliquée, qu'on appelle le *contre-placage*.

Dans cette nouvelle opération, le bâtis ou bois de fond sur lequel on applique les feuilles qu'on entend coller, n'est plus formé d'une seule épaisseur de bois, mais de trois épaisseurs plaquées l'une sur l'autre. Prenons, par exemple, un panneau d'armoire. Le plateau intérieur consiste généralement en une planche de peuplier de $0^m,027$ présentant le fil du bois dans le sens de la longueur du panneau ; puis, de chaque côté de ce premier plateau, on plaque une feuille d'autre bois, ordinairement de tulipier, épaisse de $0^m,003$ à $0^m,004$. Ce sont ces deux feuilles qui prennent le nom de contre-placage. Ce contre-placage, pour produire son effet, doit être appliqué de façon que le fil du tulipier soit perpendiculaire à celui du peuplier.

Le panneau ainsi préparé est plaqué ensuite du côté extérieur du meuble, c'est-à-dire de celui qui est appelé à être vu, avec les feuilles du placage choisi : acajou, palissandre, thuya, etc., dont le fil sera disposé dans le sens de la longueur, c'est-à-dire parallèle à celui du panneau central. Puis, afin d'établir de chaque côté de ce panneau des épaisseurs égales, on appliquera sur la face qui doit regarder l'intérieur du meuble un dernier placage, qui pourra être d'un bois quelconque, autre que celui employé pour l'extérieur. De cette façon, le panneau se trouvera composé de cinq épaisseurs de bois différents, collés les uns sur les autres en sens opposé, et dont les fibres, en se contrariant, paralyseront les mouvements, dans quelque sens qu'ils tendent à se produire.

Pour que cet équilibre demeure stable, il est indispensable, par exemple, que l'épaisseur des divers placages soit exactement la même, et qu'elle soit justement proportionnée à celle du plateau intérieur. S'il en était autrement, la partie la plus épaisse influencerait fatalement les autres, et le panneau aurait des tendances à gauchir.

Cette opération du contre-placage, assez compliquée, comme on peut voir, et qu'on a comparée, non sans quelque à-propos, à l'établissement du *balancier compensateur* usité dans l'horlogerie, est devenue depuis quelques années d'une pratique si courante, qu'on l'emploie même pour des meubles de bois indigènes — tels que chêne, poirier, noyer, sculptés et passés au brou de noix — et appartenant à ce qu'on appelle le « style Renaissance ».

Jadis nos grands menuisiers parisiens avaient, pour la

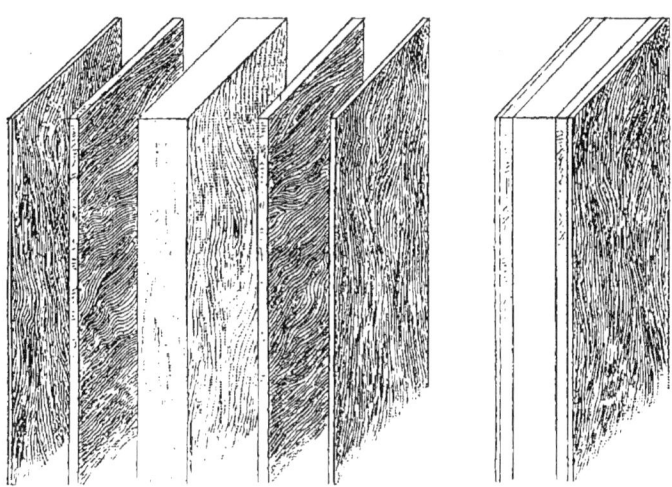

Fig. 63. — Détail des diverses feuilles constituant le contre-placage.

Fig. 64. — Les cinq feuilles réunies et contre-plaquées.

plupart, des provisions considérables de bois à ouvrer Jusque dans le cœur de Paris, on trouvait des chantiers approvisionnés pour sept, huit et dix années. Nous avons raconté, dans un précédent chapitre, qu'un incendie dévora les magasins et les appartements qu'André-Charles Boulle possédait dans le palais du Louvre. Le feu qui causa ce désastre avait pris dans un chantier de bois appartenant au menuisier Pierre Marteau, et situé dans le voisinage. Boulle lui-même avait un important approvisionnement de bois très sec, qui fut détruit dans la conflagration. A une époque où le métier se transmettait de génération en génération, où l'on était menuisier ou ébéniste de père en fils, ces réserves constituaient une partie du patrimoine familial.

Plus tard, par suite des dangers que présentaient de pareils dépôts, l'industrie mobilière fut transportée au faubourg Saint-Antoine. Puis, à mesure que les conditions commerciales se modifièrent, on vit disparaître un à un ces approvisionnements, et le marchand de bois fut seul à posséder des chantiers d'une certaine importance. Dès lors, n'ayant plus aucune sécurité, aucune garantie relativement au degré de sécheresse des matières premières qui lui étaient livrés, le fabricant dut recourir pour les meubles soignés à des précautions spéciales ; et le contre-placage, rendu plus facile par le développement extraordinaire qu'avait pris l'ébénisterie, fut appliqué à des ouvrages qui, par leur construction, leur aspect, la nature des bois employés, semblaient relever exclusivement de la menuiserie. Dans cette confusion des genres, si l'on peut dire ainsi, le surcroît de façons fut en partie compensé par la faculté de substituer à des essences indigènes de prix — désormais utilisées elles aussi en placages — des bois blancs plus communs. Mais le grand avantage d'assurer, dans le présent et dans l'avenir, une durée certaine aux ouvrages de menuiserie, ne paraît pas devoir compenser les heureux effets de cette construction logique en plein bois, qui a permis à tant de beaux meubles du xvie et du xviie siècle de parvenir jusqu'à nous presque intacts.

Remarque intéressante, c'est à une époque très voisine de nous que cette opération ingénieuse du contre-placage devint d'une pratique courante. Les anciens ouvriers affirment qu'elle n'est pas antérieure à 1855, et les manuels spéciaux publiés avant cette date n'en font pas mention.

V

DU REPLANISSAGE. — DU POLISSAGE. — DU VERNISSAGE,
ET DE L'APPLICATION DES MOULURES.

Si le contre-placage a pour effet d'assurer la durée des ouvrages d'ébénisterie, en suppléant au manque de sécheresse des bois mis en œuvre, l'application des moulures, telle qu'elle est ordinairement pratiquée par les ébénistes, met au contraire, sinon leur solidité, du moins leur bon aspect en péril.

Nous avons longuement parlé — dans notre volume consacré à la *Menuiserie*[1] — de la construction à la fois ingénieuse et rationnelle des meubles à bâtis et panneaux. Nous avons montré comment leur ossature, combinée et assemblée avec une solidité inébranlable, demeure toujours visible, et comment — insérés dans cette ossature logique, allégée et bordée par une mouluration élégante — les panneaux, simplement *embrévés,* peuvent s'étendre ou se contracter, sans danger pour l'économie du meuble. Avec les ouvrages d'ébénisterie, ces conditions changent d'une façon radicale.

Les bois précieux employés par cette industrie, et qui forment la parure des meubles qu'elle livre au commerce, ont besoin, pour atteindre leur maximum de beauté et d'éclat, de subir, après qu'ils ont été plaqués, un certain nombre d'opérations délicates, dont le but est de faire ressortir leur veinage, et de leur donner un brillant qui ajoute à la richesse de leurs colorations. Ces opérations consistent dans le *replanissage,* le *polissage* et le *vernissage* de leurs surfaces.

---

[1]. Voir notre volume sur la *Menuiserie*, p. 43 et suiv.

Le REPLANISSAGE s'effectue au moyen d'un rabot de fer bretté et peu saillant. Il a pour effet d'enlever les souillures de colle qui peuvent rester à la surface de l'ouvrage, et de rendre celui-ci tout à fait plan. Mais cette opération, même lorsqu'elle est conduite avec beaucoup d'habileté et de soin, laisse encore après elle certaines rugosités légères, et pour les faire disparaître on a recours au polissage.

Le POLISSAGE s'exécute en frottant doucement le bois avec une pierre ponce, du papier de verre, du tripoli ou des tiges de prêles; ou encore en promenant à sa surface une lame d'acier sans biseau, que l'on nomme *racloir*. Suivant les circonstances, le polissage se fait à sec ou en humectant la partie travaillée avec un peu d'huile, de lait, de graisse ou même d'eau.

Si le polissage a eu lieu à sec, on peut appliquer immédiatement le vernis, mais à condition que le placage soit fait avec un bois dur; car, s'il était d'un bois tendre, celui-ci, poreux et *buvard,* absorberait sans utilité les premières couches de vernis. Aussi, pour calmer cette avidité, cette soif (qu'on nous permette le mot), prend-on soin d'imbiber légèrement la surface d'alcool.

Par contre, si l'on vernissait de suite des surfaces (fussent-elles de bois dur) qui ont été polies à l'aide de matières grasses, celles-ci, en ressortant plus tard, produiraient un effet d'autant plus fâcheux, qu'ayant pénétré le bois, elles auraient empêché, en diverses places, le vernis de prendre, et par là l'auraient rendu inégal et peu solide. Aussi, pour débarrasser le bois des corps gras qu'il peut avoir absorbés, a-t-on recours à l'*asséchage,* opération qui consiste à saupoudrer l'ouvrage avec une poussière très fine de tripoli. Puis, quand cette poussière s'est imprégnée de la substance qu'on se propose d'expulser (ce qui a lieu presque instantanément), on l'enlève en frottant la surface avec un tampon bien sec et fait de vieux linges.

Le VERNISSAGE, qui dans l'ébénisterie a pour but de donner d'abord et de conserver ensuite aux placages tout le brillant dont ils sont susceptibles, s'effectue en étendant sur la surface qu'on veut vernir une couche mince d'un liquide transparent, qui, après dessiccation ou évaporation, communique à cette surface un éclat vitreux très remarquable. Ce liquide est généralement obtenu par la dissolution de certaines substances résineuses, telles que le *copal,* la *colophane,* la *sandaraque,* le *mastic,* le *benjoin,* l'*arcanson,* la *résine-élémi,* etc., soit dans un liquide particulièrement volatil, comme l'alcool ou l'éther, soit dans une essence, comme celle de térébenthine ou de romarin; soit enfin dans de l'huile de lin ou d'œillette.

Lorsque la substance résineuse a pour véhicule un liquide volatil, c'est par suite de l'évaporation de ce liquide que le vernis prend la solidité finale. Si c'est à l'huile qu'on a donné la préférence, le vernis produit son effet par la dessiccation. Dans l'un comme dans l'autre cas, on s'aperçoit que le vernis est bien pris, et qu'il est suffisamment sec, en appliquant le doigt sur les parties vernissées, et en constatant que celles-ci n'en reçoivent aucune empreinte.

Le vernissage s'opère avec un tampon fait de chiffons de laine bien usés et bien doux, sur lesquels on verse quelques gouttes de vernis, et qu'on recouvre d'un linge blanc, lui aussi bien usé et très souple. Ayant constaté que le vernis passe à peine à travers le linge, on met au milieu de la place où celui-ci est traversé une goutte d'huile d'olive et, en frottant légèrement, on étend partout ce mélange. Puis, quand cette première couche est bien sèche, on peut recommencer et étendre sur la surface autant d'autres couches qu'on le juge nécessaire, pour donner au placage le maximum de beauté et d'éclat dont il est susceptible.

Mais ces diverses opérations, *replanissage, polissage, vernissage,* — et le fait est très important à constater, — ne peuvent s'effectuer facilement que sur des surfaces rigoureusement unies, et à un bon marché relatif, que sur de grandes étendues. Les portes ou les panneaux d'un meuble, embrevés dans leurs cadres respectifs, se prêtent fort mal à cette triple opération. Pour rendre le travail vraiment pratique, il faut donc avoir l'audace de supprimer toute construction apparente, et ne pas craindre d'appliquer sur des bâtis intérieurs, de grands panneaux tout plats qui seuls demeurent visibles. C'est ce que Boulle n'a pas hésité à faire dans ses plus beaux ouvrages; et c'est peut-être, au point de vue professionnel, ce qu'il y a de plus génial dans tout son œuvre.

Contemplez ses admirables buffets, ses armoires merveilleuses. Leur façade ne laisse rien deviner de l'armature générale, qui assure l'existence du meuble et sa solidité. Les battants des portes occupent toute cette façade, et évoluent sans qu'on aperçoive les montants qui, reliant le *socle* au *chapeau,* soutiennent celui-ci, et permettent à ces mêmes portes de se mouvoir sans encombre. Les traverses qui relient ces montants ne sont pas davantage visibles, de telle sorte que la corniche semble planer au-dessus des portes; c'est-à-dire qu'elle surmonte, en apparence, une cavité masquée par deux battants, ce qui ne constitue pas un mince contresens.

Avant l'initiative si hardie prise par André-Charles Boulle, il n'en était pas ainsi. Les principes de la construction en menuiserie étaient respectés; et les grandes lignes de la structure demeuraient nettement accusées. On les retrouve fermement écrites jusque dans ces beaux cabinets d'ébène plaquée exécutés sous Louis XIII, et qui marquent le point de départ de notre ébénisterie moderne. Non seulement les membres essentiels du meuble, mais ses divisions accessoires se distinguent aisément. Bien mieux, alors même que l'ébéniste était parvenu, par de petits artifices, à simplifier son travail, il simulait des complications d'assemblages qui devaient, aux yeux du public, en augmenter la valeur (voir fig. 15 à 18). C'est ainsi que, sur des portes pleines, il figurait, à l'aide de combinaisons de moulures, des cadres assemblés en anglet, qui paraissent embréver un panneau, et qu'il répétait cette disposition jusque sur les façades de ses tiroirs.

Voilà pourquoi un nombre considérable de ces cabinets, on pourrait dire presque tous, ont été douloureusement éprouvés par le temps, et, au cours de leur existence doublement séculaire, ont nécessité de fréquentes et délicates réparations ; alors que les meubles de Boulle, plus jeunes seulement d'une quarantaine d'années, nous sont parvenus dans un état de conservation qui — nous avons eu l'occasion de le constater dans un précédent chapitre — a fait, de tout temps, la surprise et l'admiration des juges les plus compétents.

Quand, au XVIIIe siècle, on voulut revenir aux traditions anciennes, les mêmes déceptions se renouvelèrent. « La plupart des meubles que les tapissiers fournissent, écrivait Mercier en 1789, n'ont plus que le souffle. C'est de la colle qui en joint les parties. Dès que la table s'approche du feu, elle se décompose et tombe en morceaux... Les meubles neufs sont trompeurs ; il faut plutôt s'attacher aux meubles anciens, qui, en général, ont plus de solidité[1]. »

De nos jours, ce sont encore les mêmes reproches que l'on pourrait, à la rigueur, adresser aux meubles d'ébénisterie commune que produit le Faubourg. Les moulures plus ou moins compliquées, collées sur des surfaces polies et vernies, ont, sous l'action de la chaleur et du froid, — surtout de l'humidité, — une invincible tendance à se décoller et à tomber ; car la colle ne peut guère résister au

---

1. *Tableau de Paris*, t. IX, p. 144.

travail du bois, provoqué par l'influence de la température. Dès lors, une question se pose : on est amené à se demander pourquoi les ébénistes passés et présents, ceux contemporains de Louis XIII aussi bien que ceux de nos jours, ont prodigué et prodiguent à l'entour des portes et des tiroirs, sur les pieds des tables et sur les panneaux des armoires, des moulures qui, appliquées après coup, sont d'une durée si précaire?

A cela on trouve deux raisons. La première, toute de routine : c'est qu'il est extrêmement difficile de rompre, et de faire rompre le public, avec une habitude prise, avec une tradition acceptée. Or le public est habitué à ce que les façades des meubles dont il fait usage soient décorées par des moulures ou profils, soulignant la forme générale et ses principales divisions. La suppression de cette mouluration, bien qu'inutile, risquerait de le choquer. C'est à quoi le fabricant n'a garde de se résoudre.

La seconde, un peu plus esthétique : c'est que les vastes surfaces, planes et unies, ne manqueraient pas de paraître froides et monotones, quelle que soit du reste la magnificence des bois employés, si elles n'étaient partagées en compartiments, et relevées par quelques saillies.

Cela est si vrai qu'André-Charles Boulle, dont nous vantions tout à l'heure la magistrale hardiesse, bien qu'il habillât ses meubles admirables des plus riches marqueteries, n'eut garde de renoncer à ces divisions, ni à cette mouluration, ni à ces indispensables saillies. Seulement, au lieu d'appliquer sur ses fonds magnifiques d'ébène, de cuivre, d'étain et d'écaille, de minces moulures de bois plus ou moins exotique, il en releva encore la splendeur par l'adjonction de mascarons, de chutes, de frises, de baguettes et enfin de moulures, en bronze doré et finement ciselé.

Non plus collées sur le fond poncé, poli et verni à outrance, mais appliquées avec des vis, ou avec de petits

L'ÉBÉNISTERIE 113

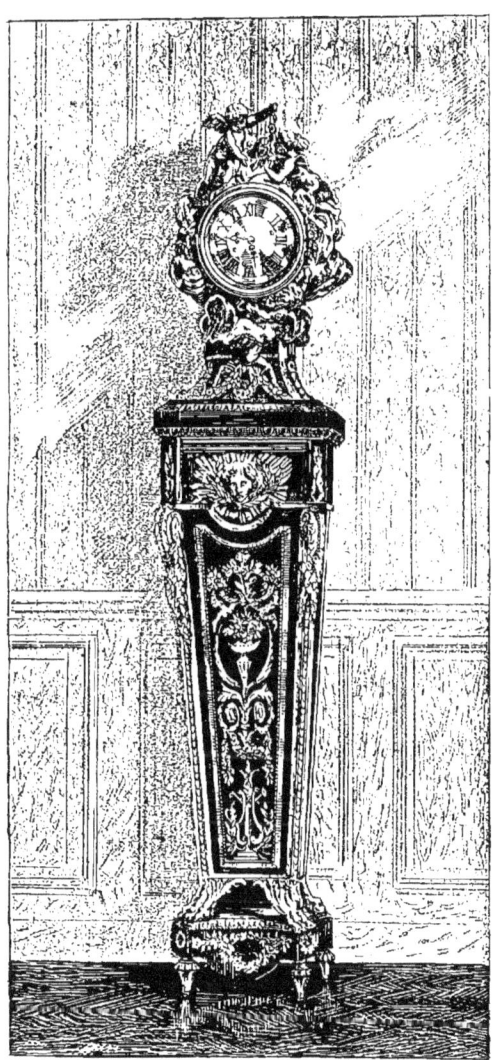

Fig. 65. — Horloge genre de Boulle, avec la mouluration en bronze doré.

8

clous, ces belles décorations, bien loin de diminuer la durée des meubles, concouraient au contraire et concourent encore à en assurer la solidité. C'est ce que comprirent également les grands ébénistes du Directoire et du premier Empire ; et c'est ce qu'ils ne manquèrent pas de pratiquer, quand l'acajou employé par grandes surfaces commença de faire fureur. Eux aussi, avec un goût très différent, il est vrai, et dans un tout autre style, sur des formes fermes et droites, carrées à l'excès, ils prodiguèrent les bronzes dorés, et durent à ce palliatif non seulement le riche aspect, mais la conservation remarquable des meubles sortis de leurs ateliers.

Il semble donc que la solution du délicat problème qui nous préoccupe soit trouvée. Malheureusement cette ornementation rationnelle, artistique et brillante est fort coûteuse. Les sculpteurs capables d'établir des modèles sérieusement étudiés sont devenus rares. La ciselure augmente le prix des bronzes dans des proportions singulières ; enfin il n'est pas jusqu'à la dorure qui ne pèse lourdement sur le prix de revient. Or, rien de tout cela ne peut être négligé, car une décoration de ce genre — qui n'est nullement imposée par la nature du meuble, par sa destination ou son usage — ne saurait supporter la médiocrité[1].

Nous avons déjà eu, du reste, dans la partie historique de ce livre, l'occasion d'indiquer les dangers que courent les ébénistes, à faire dépendre la forme et la décoration de leurs meubles d'une ornementation exécutée sous une inspiration qui leur est étrangère, par des industriels et

1. Par suite de l'application de la galvanoplastie à la reproduction des bronzes de décoration, le prix de la ciselure a été supprimé, et celui de la dorure singulièrement réduit. Mais il n'en reste pas moins la difficulté d'établir de bons modèles ; difficulté d'autant plus considérable, que les artistes capables de les créer deviennent de plus en plus rares, et manifestent des exigences en rapport avec leur rareté.

L'ÉBÉNISTERIE

même par des artistes forcément peu familiarisés avec les exigences d'une profession qu'ils n'ont point pratiquée.

Un autre expédient, et qui pourrait peut-être aider l'ébénisterie à entrer dans une voie nouvelle, — terre promise vers laquelle aspirent tous ceux qui se piquent d'écrire ou de raisonner sur nos arts industriels, — ce serait de faire, au moins dans la confection de certains meubles importants, deux parts très distinctes. Pour tout ce qui regarde plus spécialement la structure du meuble (ce qu'on appelle son bâtis) on pourrait revenir à la construction en menuiserie. C'est-à-dire qu'on débiterait, débillarderait, sculpterait, moulurerait dans un beau bois, indigène ou exotique, toutes les parties formant la carcasse du meuble, carcasse qu'on assemblerait ensuite avec toute la solidité désirable. Puis, dans les cadres béants formés par les membres de cette carcasse, on embrèverait des panneaux d'ébénisterie, plaqués de bois précieux, dont les tonalités habilement choisies prendraient un redoublement d'éclat, au voisinage d'autres bois mats et sombres.

Cette solution nous paraît d'autant plus pratique, qu'elle a été essayée pour la marqueterie, dont nous allons maintenant dire quelques mots, et qu'elle a donné de bons résultats. Sa réussite est une affaire de tact, de goût et d'expérience.

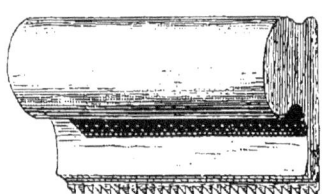

Fig. 66. — Scie à main pour la marqueterie.

VI

DE LA MARQUETERIE

Nous avons déjà, dans un chapitre antérieur, donné une description succincte des deux sortes principales de marqueterie qui sont plus spécialement en usage pour la décoration des meubles de prix. La première, qui trouva son expression la plus haute dans les admirables ouvrages d'André-Charles Boulle et de ses imitateurs, consiste, on s'en souvient, dans l'intercalation et l'application sur un bâtis, de deux feuilles de placage qui, découpées simultanément et réunies ensuite alternativement, remplissent réciproquement les vides créés dans chacune d'elles par le découpage qu'elle a subi; de telle sorte que ces deux feuilles, une fois recomposées comme il vient d'être dit, appliquées et collées sur le bâtis, replanies, polies et vernies s'il y a lieu, présentent deux surfaces ornées, l'une et l'autre, d'un seul et même dessin, mais inversement figuré. Nous avons également expliqué pourquoi l'un de ces dessins prenait le nom de *première partie,* et l'autre celui de *contre-partie.* Nous ne reviendrons pas sur ce premier procédé, — du reste peu employé aujourd'hui, — qui ne supporte pas la médiocrité, et ne peut convenir qu'à des ouvrages d'un prix très élevé.

La seconde sorte de marqueterie, dont nous avons également parlé, et qui au XVIIIe siècle a été assez justement nommée *mosaïque de bois,* consiste à orner un panneau par la juxtaposition de petits polygones découpés dans des feuilles de placage de même épaisseur, mais de couleur et de provenances différentes, et disposés de façon à produire, par leurs combinaisons, un dessin courant plus ou

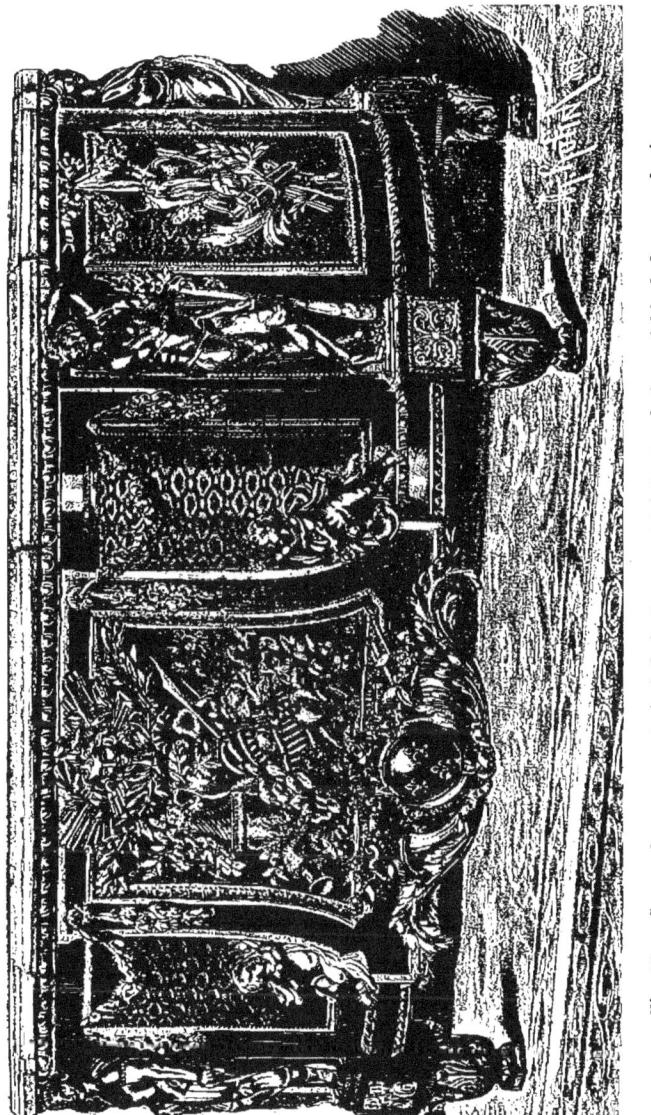

Fig. 67. — Commode en marqueterie de bois de rapport teints et ombrés, enrichie de bronzes dorés.

moins compliqué, un jeu de fond, parfois même des ornements variés, voire des paysages, des vues de ville et jusqu'à des personnages.

Hâtons-nous d'ajouter que si les rinceaux, les feuillages, les fleurs, les vases, les oiseaux, certains accessoires appartenant à ce qu'on est convenu d'appeler la « nature morte », les instruments de musique, les armes de chasse ou de guerre, les outils de jardinage, etc., disposés en trophées, produisent parfois une excellente impression, il n'en est pas de même des représentations qui prétendent serrer de trop près la nature. Ces figurations, quelque soignées qu'elles puissent être, réclament toujours une forte part de convention. Il serait malséant, en effet, que le trop de vérité dans la simulation arrivât à faire naître une illusion. La marqueterie est et doit rester un pur décor. Elle ne doit, en aucun cas, avoir d'autres prétentions.

MM. Nosban et Maigne, dans la partie de leur *Manuel* consacré à la spécialité qui nous occupe, écrivent : « Les deux principales qualités de l'ouvrier en marqueterie sont de savoir bien dessiner et d'avoir beaucoup de patience. » Ils oublient le plus important, qui est le Goût. C'est parce que les marqueteurs du xviiie siècle avaient infiniment de goût, qu'ils ont produit une foule d'œuvres exquises. C'est parce que cette condition essentielle a été beaucoup trop négligée de notre temps, que nous avons vu fabriquer tant d'ouvrages médiocres.

J'ajouterai que cette précieuse qualité, que ce goût si désirable, ne doit pas se manifester uniquement dans le choix des sujets, dans la disposition des motifs, et dans leur appropriation heureuse non seulement aux meubles qu'on prétend décorer, mais à leurs diverses parties. Il est nécessaire d'en faire, jusque dans les moindres détails de l'exécution, une application raisonnée et sévère. On ne saurait trop le redire, la marqueterie n'est point une condition d'existence pour l'ouvrage qu'elle enveloppe. Elle constitue simplement une parure. Sous peine de perdre ce caractère, il lui faut embellir la surface qu'elle couvre; et jamais, par des discordances de tons ou par la négligence qui a présidé à son exécution, elle ne doit en atténuer l'éclat, et par conséquent en diminuer la beauté.

Il ne suffit donc pas, pour arriver à un résultat vraiment

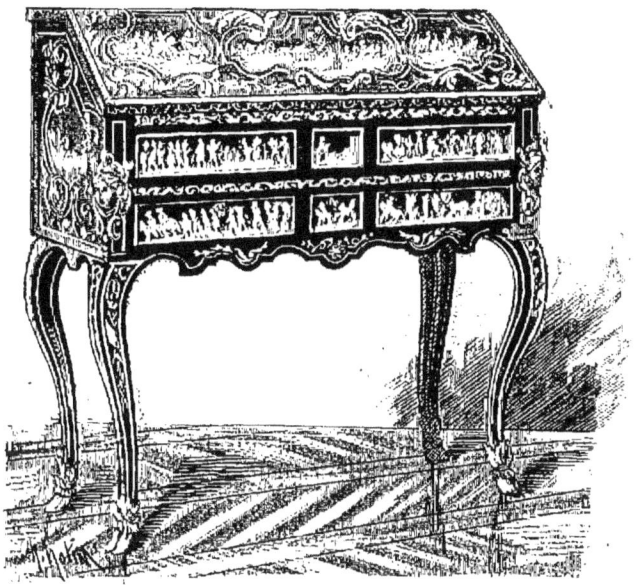

Fig. 68. — Petit bureau en marqueterie d'ébène, ivoire et bois de rapport, représentant des personnages.

satisfaisant, c'est-à-dire artistique, que le marqueteur ait, pour le guider dans la marche de son travail, un modèle bien compris et habilement dessiné. Il faut encore que, par le choix intelligent des matières qu'il emploie, dans la disposition et l'assortiment des couleurs, aussi bien que par le rapprochement et la combinaison des nuances, il arrive à constituer des harmonies captivantes, délicates, assoupies, sans rien de violent ni de heurté, qui vienne rompre l'unité de plans, — règle indispensable et qu'on ne doit jamais transgresser. En un mot, il lui faut faire œuvre de peintre et de décorateur. Peut-être est-ce là ce que MM. Nosban et Maigne appellent « savoir bien dessiner ». Le tout est de se mettre d'accord sur la valeur des mots, et la signification qu'on leur donne.

Ce premier point acquis, voyons comment on doit s'y prendre pour exécuter un de ces ouvrages un peu compliqués.

En possession de son modèle, le marqueteur en lève plusieurs calques d'une exactitude et d'une précision aussi absolues que possible. Il divise ensuite ces calques, et colle — sur chacune des diverses feuilles de placage qui doivent entrer dans la constitution finale de son sujet — les parties de son dessin se rapportant à la substance dans laquelle la feuille a été débitée et à sa coloration. Après cela, suivant scrupuleusement le trait décalqué, il découpe à la scie ou au burin, l'une après l'autre, toutes les figures ou parties de figures que comporte sa composition. Quand, de la sorte, il a préparé tous les éléments dont il a besoin, il prend une feuille de papier assez fort et très lisse, l'enduit de colle et applique l'un après l'autre, sur ce papier, tous les fragments qu'il vient de découper, en ayant soin de disposer chacun d'eux à la place exacte qui lui convient, mais en tournant du côté du papier la face qui, par la suite, doit demeurer visible.

Lorsque tous les fragments appelés à reproduire le dessin ont été ainsi rapprochés, et que celui-ci a été reconstitué à l'envers, le marqueteur laisse sécher sa feuille de papier et la marqueterie qu'elle supporte. Puis, quand le tout est suffisamment sec, il procède avec cette feuille de papier comme avec une feuille de placage ordinaire, c'est-à-dire qu'il enduit le bâti de colle, et plaque soit au *marteau,* en poussant la panne sur le papier, soit à la *presse,* en se servant d'une *cale* convenablement chauffée. En outre, si le bâtis qu'il se propose de couvrir n'est pas plan, mais affecte une forme cylindrique ou bombée, il a recours aux procédés spéciaux que nous avons précédemment indiqués, c'est-à-dire au *placage au sable,* ou au *placage à la sangle.*

L'application de ces marqueteries composées réclame, toutefois, quelques précautions spéciales, qui ne sont pas nécessaires avec le placage par grandes surfaces. Pour peu que le dessin de la marqueterie soit compliqué, — surtout si les nuances en sont nombreuses, — s'il entre, en outre, dans sa composition des substances variées, comme bois, métaux, ivoire, écaille, nacre, il arrive bien rarement que toutes les feuilles de ces diverses matières (telles que le marqueteur les trouve dans le commerce) soient rigoureusement de la même épaisseur. Après qu'elles ont été réunies comme nous venons de l'indiquer, elles forment donc, sur le bâtis, des saillies inégales. Dans ce cas, il est prudent de renoncer au *placage au marteau.* On recourt au *placage à la cale,* et, afin de rendre partout la pression uniforme, on introduit entre le plateau et la feuille de papier qui porte le placage, des linges pliés en plusieurs doubles et préalablement chauffés.

Enfin, quand la mosaïque de bois a bien pris, quand, de plus, elle est bien séchée, on enlève le papier, on fait un *replanissage* soigné, en corroyant la marqueterie et en remettant ainsi tous les fragments qui la composent exactement de niveau, — ce qui s'opère avec des limes de différentes grosseurs, à soies droites ou coudées. — Puis on procède au polissage et au vernissage, comme il a été dit plus haut.

Indépendamment des nuances essentielles qui constituent le dessin de la marqueterie, il arrive souvent, lorsque ce dessin ne consiste pas en un simple jeu de fond, lorsqu'il comporte par exemple des fleurs, des rinceaux ou certains accessoires, qu'il exige, pour produire tout son effet, des gradations de nuances, donnant aux objets un certain modelé. Lorsque c'est l'ivoire ou le métal qui forme ces dessins, on donne (nous l'avons déjà expliqué) ce modelé à l'aide de traits de burin qu'on noircit ensuite, pour les rendre plus visibles, si l'on ne préfère que la poussière se charge de ce soin. Lorsque, au contraire, ce sont des bois colorés, on les *ombre* à l'aide du sable chaud ou d'acides. Le premier moyen a été longtemps le seul employé; le second, qui donne des résultats plus certains, tend à prévaloir; tous deux exigent une grande attention.

Si l'on veut *ombrer* au sable, on doit procéder à l'opération lorsque les pièces appelées à composer la marqueterie sont encore à l'état fragmentaire. On prend alors, avec de petites pinces, celles de ces pièces qui doivent être foncées, et on les plonge dans du sable de rivière très fin — contenu dans un poêlon placé sur un feu ardent — et amené à un degré de chaleur suffisant pour brunir le bois sans le brûler. On s'assure que le sable est à une température convenable en trempant dedans des petits morceaux d'échantillon. Quand l'*ombre* doit présenter une dégradation, on plonge à différentes reprises la pièce dans le sable, en ayant soin d'y laisser plus longtemps les parties qui doivent être les plus foncées[1].

Pour ombrer à l'acide, on prend de l'acide nitrique, de l'acide sulfurique ou de l'eau de chaux additionnée de

---

1. Dans ces derniers temps on a tenté des essais assez curieux de décoration de panneaux, au moyen de la Pyrogravure. Mais ce procédé, qui consiste à brûler le bois plus ou moins profondément, c'est-à-dire à en dénaturer et à en altérer les surfaces, ne paraît pas appelé à un sérieux avenir; et si la tentative mérite d'être rappelée, encore ne peut-elle donner que des résultats très limités et médiocres.

L'ÉBÉNISTERIE 123

sublimé corrosif, et, à l'aide d'un pinceau ou d'une plume légèrement trempée dans celui de ces liquides que l'on a choisi, on exécute les gradations de tons que l'on juge convenables. Deux précautions, toutefois, sont à prendre :

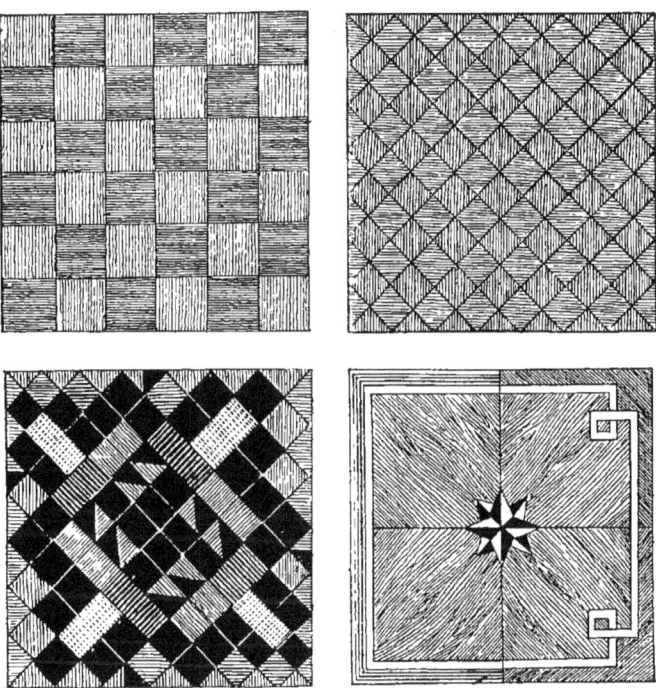

Fig. 69 à 72. — Placages exécutés mécaniquement pour le commerce : damier, losanges, mosaïque ordinaire, plateau à filet et étoile centrale.

1° s'assurer, si l'on emploie des bois teints, que ces bois ne sont pas décolorés par les acides dont on se sert ; 2° appliquer le pinceau ou la plume avec une grande dextérité, parce que le bois a toujours une tendance à boire, et l'acide appliqué une tendance à s'étendre. Enfin, pour certains ouvrages particulièrement soignés et compliqués, on procède après le découpage à une véritable teinture, dont on peut dégrader les nuances en couvrant, avec de la cire, les parties qui doivent demeurer les plus claires.

L'exécution de ces sortes d'ouvrages exige, on le comprend, beaucoup de temps et infiniment de patience. Pour leur donner tout l'éclat et le fini nécessaires, il faut qu'ils

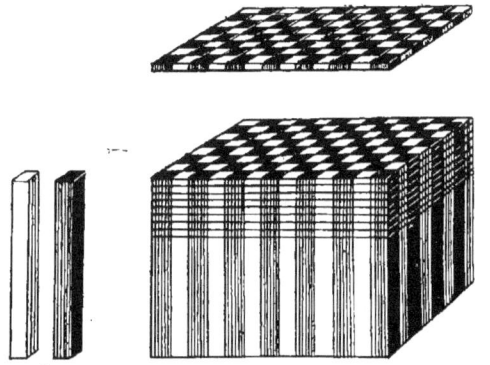

Fig. 73 et 74. — Détail de l'exécution des placages en damier.

soient confectionnés à loisir. Aussi, à l'époque où ces marqueteries étaient grandement à la mode, avait-on soin de préparer à l'avance des séries de motifs plus ou moins compliqués : vases, fleurs, oiseaux, bouquets, guirlandes, papillons, etc., qui, pouvant entrer dans la composition de sujets variés, permettaient de rendre la fabrication des meubles marquetés infiniment plus rapide. Nous avons vu que Boulle possédait, chez lui, des caisses remplies de préparations de cette sorte.

Plus tard, les ouvrages de marqueterie ayant cessé d'être recherchés, on renonça à la confection préalable de ces motifs, qui seraient demeurés sans emploi. Il y a quarante ans, quand une certaine vogue rendit à ces meubles

L'ÉBÉNISTERIE 125

un regain de faveur, on revint à ces préparations, mais en leur donnant un caractère tout à fait industriel. On y fut, du reste, conduit par les simplifications adoptées dans la fabrication des damiers et des échiquiers.

Ceux-ci, en effet, présentent généralement deux surfaces marquetées. Pour exécuter à bon compte ces marqueteries, on eut l'idée de prendre des baguettes parfaitement carrées, de mêmes dimensions et de taille convenable, mais de couleur différente, et de les réunir en les collant ensemble avec de la glu marine, et en ayant soin de faire alterner leurs couleurs. De la sorte, on obtint un seul bloc, présentant à ses deux extrémités une série de carrés alternant de couleurs; et ce bloc, tranché ensuite transversalement, fournissait quatre cases de damier ou d'échiquier réunies, et dont la réunion facilitait, en la simplifiant, leur application sur le bâtis.

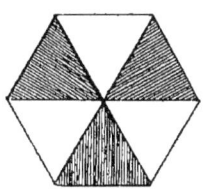
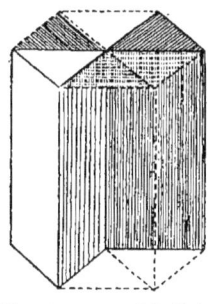

Fig. 75 et 76. — Détail de l'exécution d'un hexagone à nuances alternées.

Au lieu de quatre baguettes formant un barreau, joignez-en huit, joignez-en seize; — au lieu de baguettes carrées, servez-vous de baguettes triangulaires; — prenez six de ces baguettes bien égales et disposez-les de façon à obtenir un hexagone régulier. — Coupez en deux chacun des six triangles et faites alterner leurs nuances. — Par le même procédé, exécutez une rosace en doublant le nombre de vos triangles, de manière à constituer ce qu'on nomme de la *mosaïque à douze;* et vous obtiendrez une foule de dessins géométriques (étoiles, chevrons, losanges, filets, points de Hongrie) qui, par d'autres combinaisons analogues, peuvent être variés à l'infini.

126   L'ÉBÉNISTERIE

Tranchés transversalement et transformés en feuilles de placages, les barreaux ou billes que vous aurez ainsi réunis vous permettront d'exécuter avec une grande rapidité,

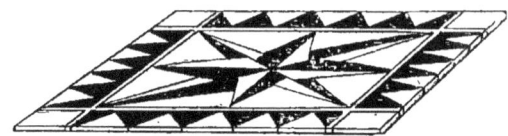

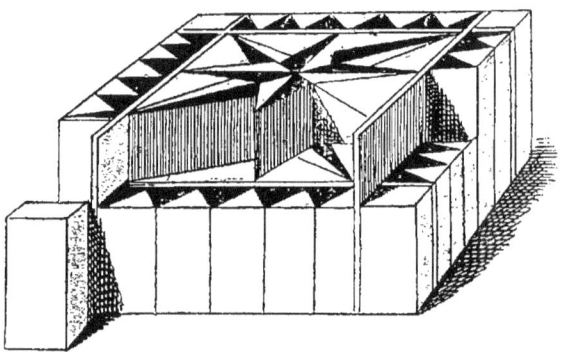

Fig. 77 et 78. — Détail de l'exécution d'un dessus de table marqueté en étoile.

et à très petits frais, une mosaïque de bois, non pas délicate et précieuse, mais assez compliquée pour séduire l'acheteur, et, si vous avez du goût, assez harmonieuse de dessin et de tons pour trouver place dans un intérieur élégant.

Par le même procédé, mais avec plus d'ingéniosité dans la composition et un soin plus attentif dans l'exécution, on peut, à l'aide de la scie à ruban, exécuter des marqueteries d'un ordre plus relevé, et présentant des combinaisons moins naïves. Arabesques Renaissance, vases, bouquets, lambrequins, etc., sont obtenus ainsi sans très grande difficulté, et c'est par ce moyen que l'on confectionne ces mille bibelots d'étagère et ces objets de toilette, « souvenirs » des plages en vogue et des villes d'eaux.

Pour appliquer ces mêmes marqueteries avec succès à notre mobilier courant, il suffirait de montrer, dans leur emploi, un peu de discrétion et surtout de tact. Car, ne craignons pas de le répéter, c'est en ces sortes d'ouvrages que le goût joue un rôle prépondérant, et devient absolument indispensable.

Peut-être est-ce dans l'application ingénieuse de ces méthodes, conjointement avec les procédés habituels de la Menuiserie, que l'on trouvera la formule, si vivement souhaitée, d'un mobilier démocratique, gracieux de formes, commode, facile à entretenir, gai d'aspect, et avec cela peu coûteux, — cette dernière condition devenant chaque jour plus essentielle.

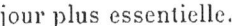

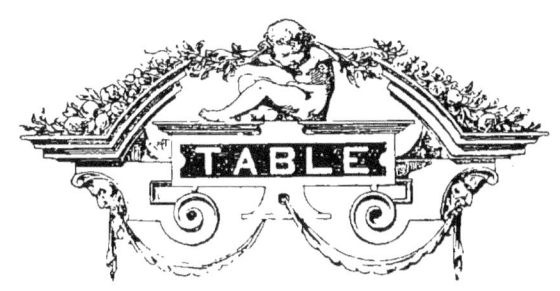

PREMIÈRE PARTIE

I. — Explications préliminaires. — Étymologie des mots Ébéniste et Ébénisterie. — L'Ébène et ses emplois.... 1
II. — La Marqueterie et l'Incrustation..................... 7
III. — Les diverses sortes de Marqueterie. — La Mosaïque de bois et l'Ébénisterie proprement dite................ 15
IV. — L'Ébénisterie et la Marqueterie sous le règne de Louis XIV. — Les meubles de Boulle 28
V. — Les meubles de Boulle (suite)........................ 41
VI. — L'Ébénisterie au XVIIIe siècle..................... 53
VII. — Invasion de l'acajou. — L'Ébénisterie sous l'Empire, la Restauration et le règne de Louis-Philippe.......... 64

SECONDE PARTIE

I. — Des diverses manières d'exécuter les placages. — Placage au marteau. — Placage à la cale. — Placage au sable. — Placage à la sangle..................... 75
II — Des principales matières employées pour le placage... 86
III. — De la façon dont on débite les bois destinés au placage et des diverses teintures employées pour varier leurs nuances.. 96
IV. — Du contre-placage...................................... 103
V. — Du replanissage. — Du polissage. — Du vernissage et de l'application des moulures..................... 107
VI. — De la Marqueterie 116

FIN

IMPRIMÉ
POUR M. CH. DELAGRAVE
PAR LA
SOCIÉTÉ ANONYME D'IMPRIMERIE DE VILLEFRANCHE-DE-ROUERGUE
JULES BARDOUX DIRECTEUR

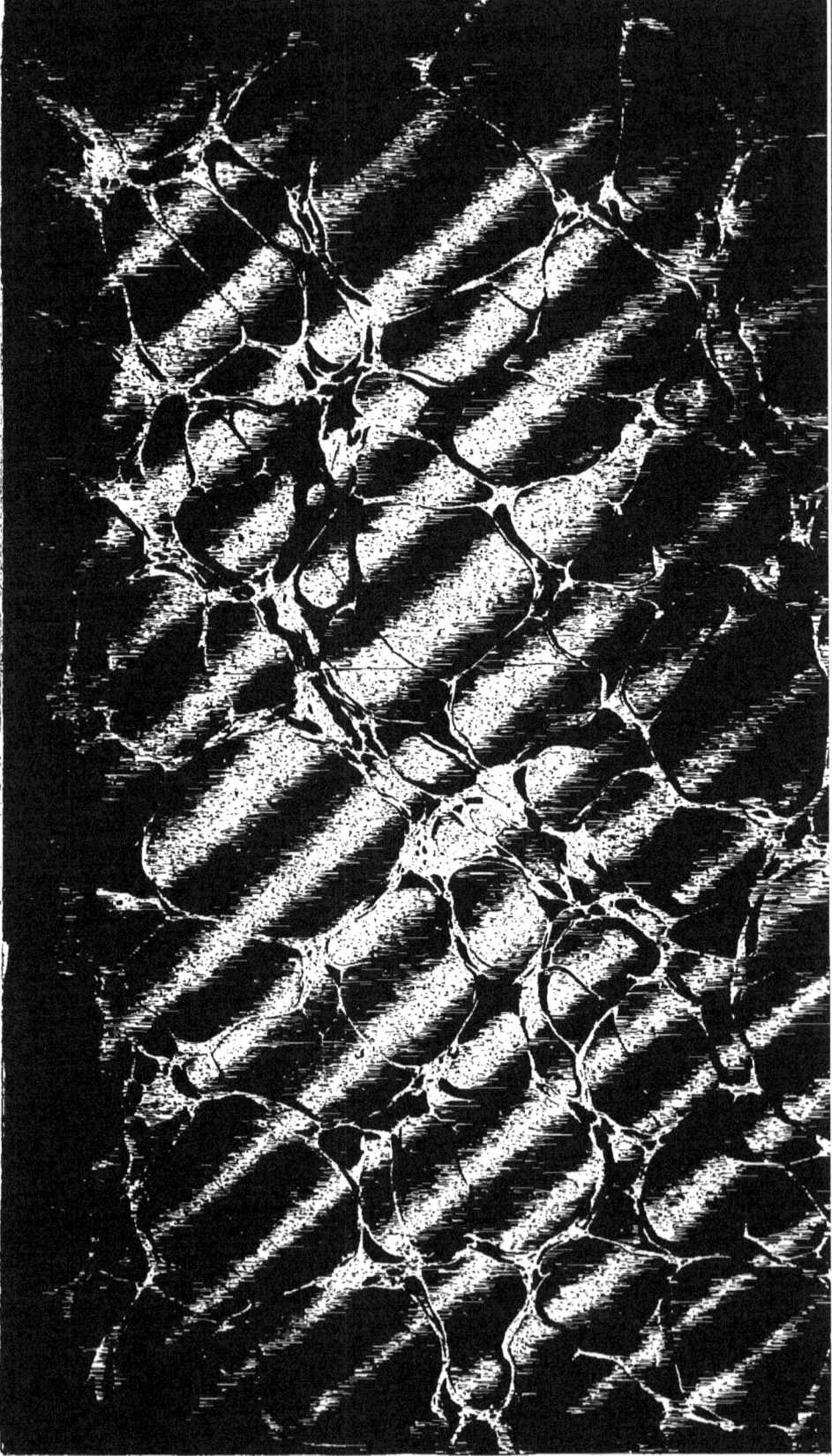

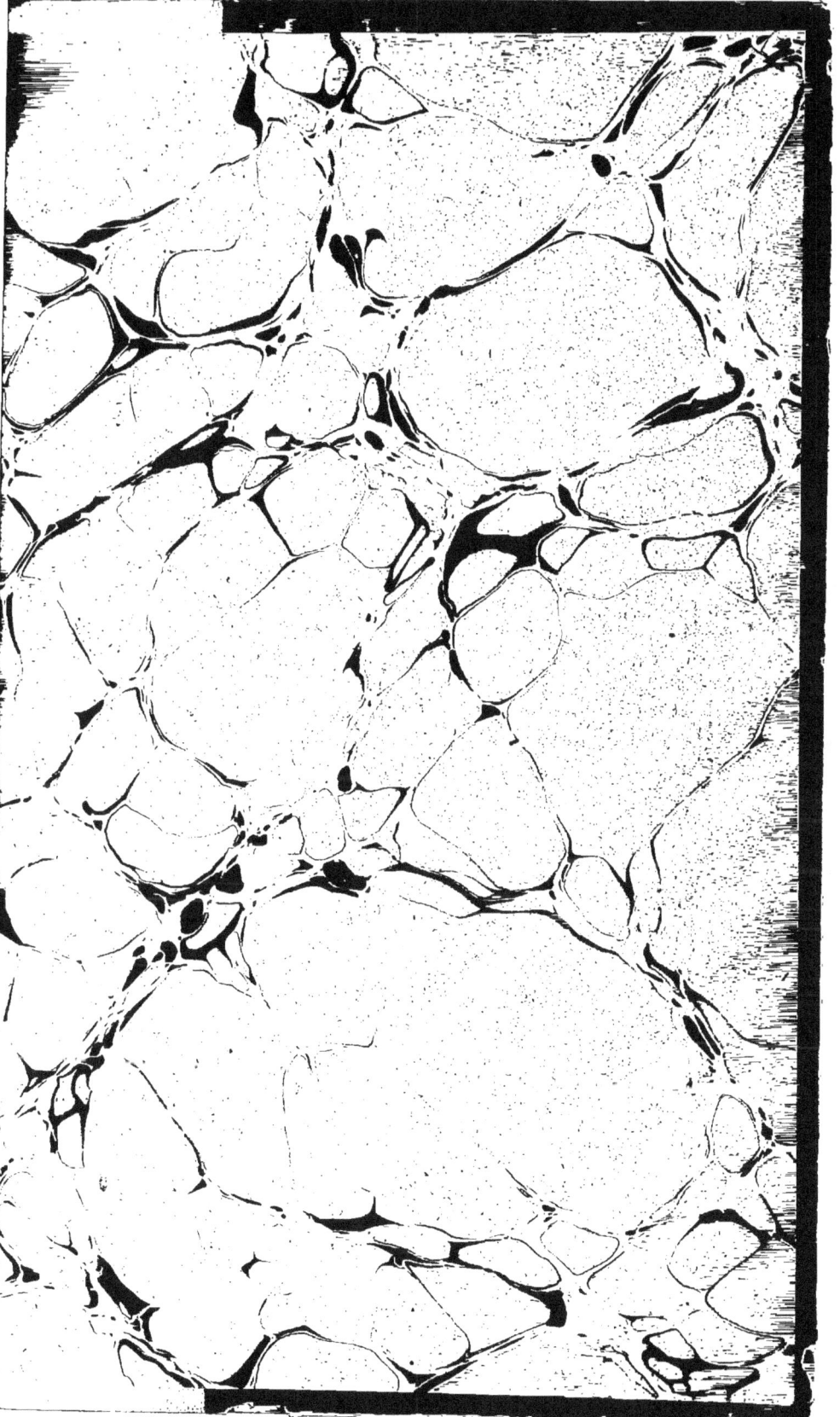

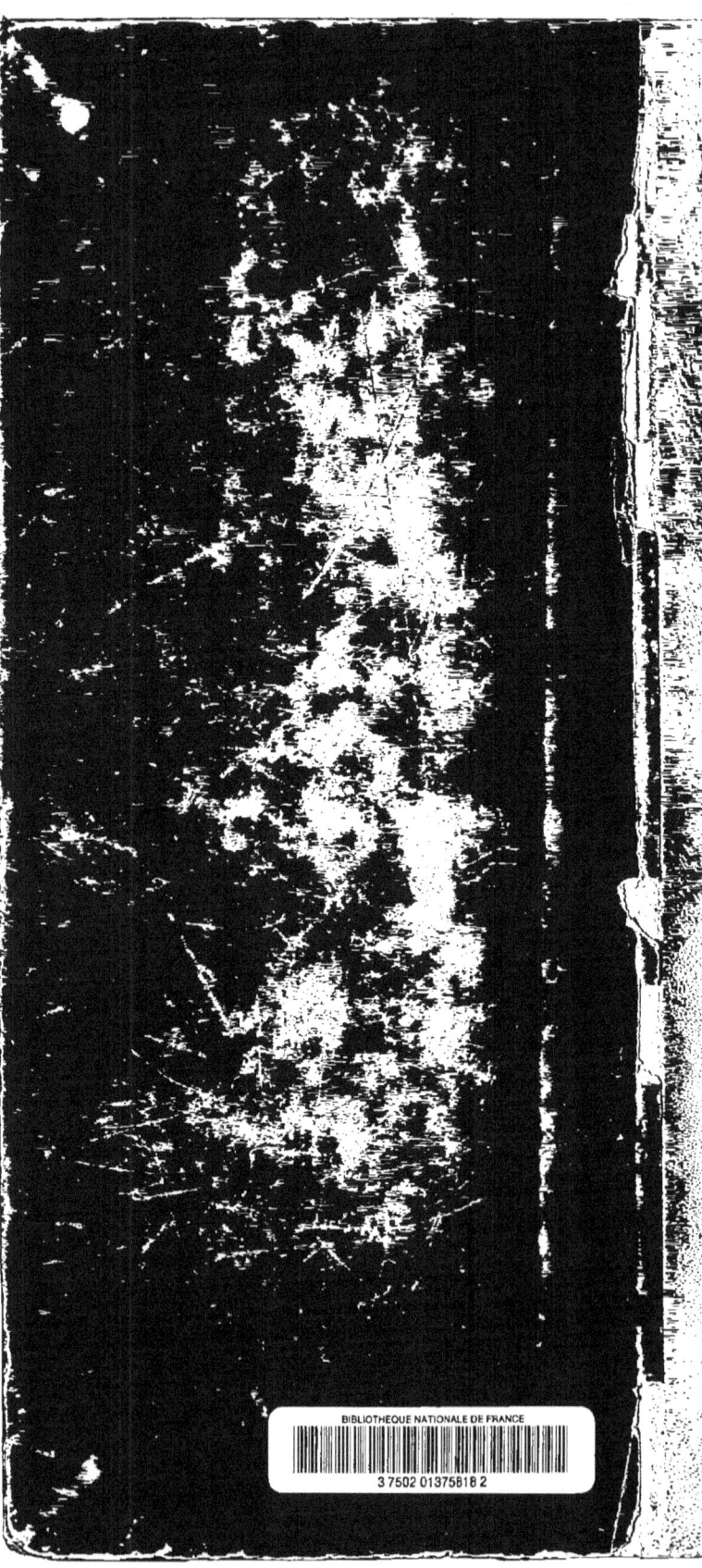

www.ingramcontent.com/pod-product-compliance
Lightning Source LLC
Chambersburg PA
CBHW070245230526
45470CB00002B/485